GU KOMPASS

Nina Pohlmann

Krawatten-knoten

- Die besten Knoten für alle Fälle
- Mit Stilkunde und Pflegetipps

Ein großer Dank den Männern, die sich immer wieder als geduldige Test-Knoter und Krawattenfront-Berichterstatter zur Verfügung stellten: Axel Pohlmann, Steffen Haselbach, Christoph und Guntram Weber. Außerdem danken Verlag und Autorin der Firma Eckerle für die freundliche Unterstützung.

Über die Autorin

Nina Pohlmann arbeitet in einem Münchner Ratgeber- und Sachbuchverlag. Ihre private Leidenschaft gilt dem Schreiben: von Sachtexten bis zu Jugend- und Unterhaltungsromanen. Von ihr erschien bereits, ebenfalls in der Kompass-Reihe: „eBay-Guide".

Schon als kleines Mädchen sah sie fasziniert ihrem Vater beim Krawatten- und Schleifenbinden zu. Zum Glück machte Madonna jetzt die Krawatten auch für Frauen wieder populär ...

→ Check-in

Sie möchten auf Ihre Fragen kurze, prägnante und vor allem verlässliche Antworten erhalten. Dieser GU Kompass bietet Ihnen schnelle Hilfe in allen Situationen, die kein langes Zaudern und Zögern gestatten. Ob unterwegs in der Jackentasche oder immer griffbereit am Arbeitsplatz: Jeder Titel dieser Reihe informiert Sie übersichtlich, aktuell, kompetent und lösungsorientiert.

- Jeder Krawattenknoten wird auf einer Doppelseite geklärt. Suchen Sie Ihre Fragestellung, Ihr Stichwort, Ihr Problem im Inhaltsverzeichnis und steigen Sie einfach ein.
- Falls Sie unter großem Zeitdruck stehen und nur das Allernotwendigste nachschlagen möchten, halten Sie sich an das im Inhaltsverzeichnis optisch hervorgehobene „Last-Minute-Programm". Es zeigt Ihnen, worauf Sie keinesfalls verzichten sollten.
- Nutzen Sie den Service-Teil mit seinen ergänzenden Dokumenten sowie weiterführenden Hinweisen zu Büchern und Adressen, um bestimmte Aspekte zu vertiefen.

Nicht nur für offizielle Anlässe greifen immer mehr Männer gerne zu Fliege, Krawatte und Schal. Denn Schlips ist wieder „in" und dass es mehr Varianten der modischen Halsbinde gibt als nur den Windsor, sehen Sie auf den folgenden Seiten. Lernen Sie die schönsten Knoten und beeindrucken Sie durch selbst gebundene Fliegen. Ob Kragenform, Materialien oder Pflege, fundierte Informationen vervollständigen alles, was Sie über Krawatten & Co. wissen müssen. Die Grundausstattung für jeden Mann, der modisch etwas auf sich hält, und natürlich auch für alle Frauen, die ihren Männern den letzten Schliff verleihen wollen.

Inhalt

→ **Last-Minute-Programm**

Die wichtigsten Punkte im Überblick!

Die farblich und durch Pfeile → gekennzeichneten Abschnitte bilden das Last-Minute-Programm. Halten Sie sich daran, wenn Sie sich auf das Notwendigste beschränken müssen.

Krawattenkunde

Knoten für jede Gelegenheit

Fliege, Schal und Tuch

Service

1. Eine kurze Einführung

Kramen Sie Krawatten nur aus der Ecke, wenn eine Veranstaltung ansteht, bei der Sie eine Krawatte tragen müssen? Dann haben Sie noch nicht die zu Ihnen passenden Krawatten und Knoten gefunden.

Die Renaissance

Immer mehr Männer entdecken Krawatten (wieder) als modisches Accessoire, das sie nicht nur zu traditionell vorgeschriebenen Anlässen anlegen. Je nach Anlass können Sie mit ganz unterschiedlichen Stoffqualitäten und Knoten immer wieder neue Akzente setzen. Krawattenhasser sind vielleicht doch mit den unkonventionelleren Knoten in diesem Buch umzustimmen – und während der adrette Kollege den symmetrischen Windsor für das Nonplusultra hält, können Sie mit einem Diagonalen oder Kreuzknoten zeigen, wie man mit Mut Krawatten knotet.

Über 20 Knoten?

Braucht man wirklich mehr als einen Knoten? Ja, wenn Sie möchten, dass die Krawatte Ihren Stil und Ihr Aussehen positiv unterstreicht. Je nach Kragenform des Hemdes, Länge Ihres Oberkörpers und Stoffqualität des Binders wird ein anderer Knoten benötigt. Diese können klein und schmal, breit oder länglich, voluminös oder groß und flach sein. Was nützt es, eine schöne Krawatte anzulegen und sie dann mit einem Knoten zu binden, der für die bevorzugte Kragenform oder für Ihr Gesicht zu groß oder zu klein ist? Oder sie in die Hose zu stopfen, da sie viel zu lang hinunterhängt?
Die Physiker Fink und Mao (→ 40. Bücher und Links, die weiterhelfen) haben mit der „Krawattenformel" ausgerech-

net, dass es 85 Möglichkeiten gibt, einen normal langen Binder zu verknoten. Ein Grundrepertoire von vier Knoten genügt jedoch – vermutlich haben Sie nicht jeden Morgen Zeit für eine sieben- oder neunfache Krawattenverschlingung. Aber trotzdem will dieses Buch Ihnen ermöglichen, Ihr Grundrepertoire selbst auszuwählen, damit Sie nicht länger nur auf Windsor und Four-in-Hand angewiesen sind.

Zu diesem Buch

- Selbstlösend/nicht selbstlösend: Dank der Krawattenformel von Fink und Mao gibt es auch von weit verbreiteten Knoten wie dem Einfachen Windsor mehrere Varianten. Wann immer möglich, wurde in diesem Buch die *selbstlösende Variante* abgebildet. Es kann daher sein, dass ein Knoten anders gebunden wird, als Sie es gewöhnt sind.
- Vielfach gibt es für ein und denselben Knoten unterschiedliche Namen. In diesem Kompass finden Sie sie unter ihrer jeweils gebräuchlichsten Bezeichnung. Im Service-Teil befindet sich eine Übersicht über die Namensdopplungen.

Etwas Geschichte?

- „Schlips" hießen ursprünglich nur die Enden der Krawatte, als man sie noch selbst aus einem Stoffstreifen falten musste.
- Um die Historie des Namens „Krawatte" ranken sich verschiedene Geschichten. Eventuell kommt der Name aus dem Kroatischen. Kroatische Söldner im Frankreich des 17. Jahrhunderts nannten ihren ungewöhnlichen Halsschmuck „hravatska", was die Franzosen in „cravate" umtauften.
- „Langbinder" ist der Oberbegriff für eine „Familie" von Halsschmuck – das Gegenteil ist der „Querbinder". Unter diesem Begriff fasst man alle Schleifen-Varianten zusammen.

2. Farben und Stoffe

Egal, aus welchem Material die Krawatte hergestellt wurde: Die Trage-Eigenschaften (Fall, Haltbarkeit) hängen von der Verarbeitung ab! Wenn Sie nicht viel Geld für Krawatten ausgeben möchten, muss eine sehr preiswerte Seidenkrawatte nicht unbedingt besser aussehen als eine gute Polyesterkrawatte.

„Reine Seide" sagt noch nichts über die Güte der Verarbeitung aus – und die Angabe bezieht sich nur auf das äußerlich sichtbare Material der Krawatte. Bis auf die Seven-Fold-Tie (siehe unten) haben alle Krawatten eine Einlage aus einem anderen Material, die ihnen Volumen und Form gibt (→ 37. Worauf Sie beim Krawattenkauf achten sollten).
„Jacquard" ist übrigens kein bestimmtes Material, sondern eine Webart. Handelt es sich um einen etwas festeren Jacquard, bringt er die Voraussetzungen für Stylingdetails wie ein Grübchen mit (→ 3. Der perfekte Sitz), ist er schlicht, bietet er die richtige Bühne für auffälligere Knoten.

Seiden-Alternativen

Seide in ihren vielen Variationen (uni, gewebte Muster, bedruckt) ist der meistgekaufte Krawattenstoff. Kenner tragen, vor allem im Winter, gern aber auch andere Naturfasern. So gibt es auch sehr schöne Binder aus Kaschmir, Wolle und Mischgeweben (zum Beispiel Wolle-Seide, Kaschmir-Wolle, Seide-Leinen). Mehr zum Thema Kombination mit Wollkrawatten finden Sie unter → 17. Der St. Andrew.
Welchen Stoff Sie für Ihre Krawatte wählen, hängt auch von dem dazu getragenen Hemd ab. Sowohl das Material als auch die Struktur sollten zueinander passen. Eine Wollkrawatte passt tendenziell eher zu einem sportlichen Hemd.

Farben

Stoffqualitäten und Muster sind Moden unterworfen, meist gibt es im Frühjahr neue Farben und Stoffe. Probieren Sie immer mal wieder neue Krawatten mit einem Hemd aus, das typisch für Ihre Garderobe ist. So können Sie mit einem einzigen Krawattenkauf Ihr Erscheinungsbild verändern, zum Beispiel durch eine frühlingsfarbene Krawatte.

Muster

Typische Muster für Krawatten sind zum Beispiel kleine Punkte oder Ton in Ton gehaltene kleine geometrische Figuren (Mikro-Motive); auch Streifen oder Paisley sind je nach Mode beliebt. Gefährlich wird es bei Motiven. Während winzige Streublümchen noch stilistisch „durchgehen", greifen viele Männer leider immer noch begeistert zu Dollarzeichen oder gar Disneyfiguren. Letztere bewegen sich auf dem selben Niveau wie weiße Tennissocken in Business-Schuhen ... Haben Sie britische Geschäftspartner, sollten Sie auch bei *Streifenkrawatten* vorsichtig sein: In Großbritannien gibt es unzählige „sprechende" Streifenkombinationen, die als Mitgliedsausweis für bestimmte Militäreinheiten, renommierte Colleges oder Clubs fungieren.

Gut zu wissen

Eine Liga für sich bei den Krawatten ist die „Seven-Fold-Tie". Dies ist der einzige Binder, der keine Einlage aus einem anderen Material enthält, da er wie die ursprünglichen Krawatten aus einem einzigen Stück Seidenstoff gefaltet wird. Zum Schluss wird er nur vernäht. Normalpreisige Krawatten, die handwerklich hervorragend verarbeitet sind und eine gut zugeschnittene Einlage haben, müssen aber optisch nicht schlechter abschneiden.

3. Der perfekte Sitz

Mit dem Knoten allein ist es noch nicht getan. Die Krawatte muss auch die richtige Länge haben und richtig fallen. Fortgeschrittene können ihr dann mit Längsfältchen und Grübchen noch den letzten Schliff geben.

Die richtige Länge

Eine fertig gebundene Krawatte sollte bis auf den Gürtel hängen. Männer mit „Normgröße" haben es da nicht schwer. Wird die Krawatte beim Binden etwas zu lang oder zu kurz (was Ihnen gerade als Krawatten-Neuling des Öfteren passieren wird), lösen Sie den Knoten noch einmal und lassen das schmale Ende der Krawatte beim nächsten Bindevorgang etwas länger oder kürzer. Aber was machen besonders große oder kleinere Männer? Und kleine Frauen, die in Madonnas Fußspuren die Krawatten für sich wiederentdecken?

- Große Männer werden in der Knotenauswahl sehr eingeschränkt, da meist jede Verknotung, die über Oriental (→ 10.), Kent (→ 8.) oder Four-in-Hand (→ 9.) hinausgeht, die Krawatte zu sehr verkürzt. Es gibt in einigen Geschäften extralange Krawatten. Hier haben Sie eine geringere Auswahl – dafür erhöht sich die Bandbreite der möglichen Knoten.
- Kleinere Männer haben vor allem bei den einfachen Knoten Probleme mit der Länge. Bei ihnen bietet sich alles an, das mit vielen Bindeschritten die Krawattenlänge deutlich verkürzt. Müssten nicht der Balthus (→ 26.) und andere neunfache Knoten dann das Nonplusultra für Menschen unter Gardemaß sein? Leider nicht, wenn Sie *schmal* und klein sind. Die Länge wäre damit zwar perfekt, aber der Knoten viel zu breit für Ihre Gesichtszüge. Folgen Sie nicht dem Rat, das Ende der Krawatte wie Fred Astaire in

die Hose zu stopfen: Fred Astaire hat eine Weste getragen! Darunter sieht niemand, wie kurz oder (zu) lang Ihre Krawatte ist. Eine häufig praktizierte Methode ist, eine Krawatte normal (nahe dem schmalen Ende) zu binden und dann das viel zu lange schmale Ende zwischen zwei Knöpfen ins Hemd zu schieben.

Styling-Details

Ein schöner Knoten steht leicht gewölbt aus dem Kragen hervor und bewirkt, dass die Krawatte gefällig nach außen gebogen auf das Hemd fällt. Sie erreichen das, indem Sie die Krawatte um den Hals ziemlich fest ziehen und den Knoten ganz nach oben unter den Kragen schieben. Das funktioniert allerdings nicht bei Krawatten mit dünnem Futter!
Auch für Zierfalten und „Grübchen“, mit denen Sie einen perfekt gebundenen Knoten in einer schönen Krawatte noch betonen können, ist eine leichte Krawatte mit dünnem Futter ungeeignet. Alle Versuche, diese Krawatten zu „verzieren“, scheitern kläglich, da sich in sie keine Kunstfalten legen lassen und jedes Grübchen, das nach dem Festziehen hineingedrückt wird, innerhalb von Sekunden wieder verschwindet. „Stylen“ können Sie am besten mit etwas fülligeren, gewebten Stoffen. Unter → 16. Der Halbe Windsor finden Sie, wie man Kunstfalten in eine Krawatte legt, und unter → 23. Der Doppelte Windsor Näheres zum Grübchen.

Tipp

Probieren Sie aus, zu welchen Stoffen, Mustern und vor allem Knoten Längsfalten und Grübchen passen. Gerade symmetrische Knoten, die in manchen Stoffen etwas langweilig aussehen, bieten sich an (zum Beispiel der Halbe und Doppelte Windsor, der Pratt). Auffällige Knoten wie der Diagonale brauchen hingegen keine weiteren Verzierungen.

4. Kragenformen

Im Lauf der Zeit haben sich fünf Grundformen für Hemdkragen herausgebildet. Je nach Gesichts- und Halsform und Outfit können Sie Ihre Favoriten unter den unterschiedlichsten Varianten dieser Grundtypen wählen.

Was hat die Kragenform mit der Krawatte zu tun? Nun, Sie können schnell den Gesamteindruck verderben, wenn die Krawattenbreite nicht der Kragenform entspricht!
Da es von den Kragenformen so viele Designvarianten gibt, verlangen Sie am besten nicht (nur) nach zum Beispiel einem Haifischkragen, sondern nach einem „spitzen, weit/eng ausgeschnittenen, langen/kurzen ... Kragen". Die Angabe „lang" oder „kurz" bezieht sich auf die Länge von Halssaum bis Kragenrand.

Turndown Collar

Auch genannt: breiter Umlegekragen, Kent.
Noch ist der Turndown Collar in Deutschland weiter verbreitet als der Haifischkragen. Der schmalere Kragenausschnitt eignet sich gut für kleinere Knoten wie den in Deutschland beliebten Four-in-Hand.
Stilistisch gefährlich wird diese Kragenform für

- feingliedrige Männer: Es wird zu viel von der Brust verdeckt, der Kragen „erschlägt" sie optisch.
- Männer mit langem/schmalem Gesicht und Hals: Diese werden optisch noch weiter in die Länge gezogen!

Wie dieser Kragen zu einem Anzug wirkt, hängt sehr vom Schnitt der verwendeten Variante ab: Der Abstand der Kragenspitzen und die Länge des Kragens variieren stark! Meiden Sie die in Deutschland verbreitete Variante, bei der die

Kragenspitzen sehr lang heruntergezogen sind. Achten Sie beim Kauf auch darauf, dass die Spitzen nicht zu nah zusammenstehen, damit Sie Platz genug für den Krawattenknoten haben.

Cutaway Collar

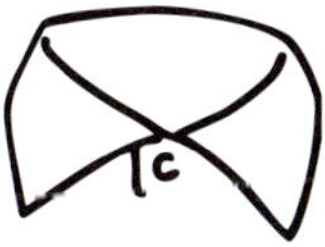

Auch genannt: Haifischkragen, Spreizkragen, Spread Collar.
Er ist elegant und passt sowohl zum Business-Outfit als auch zu einem förmlichen Anzug für den Abend.
Meiden Sie

- extreme Varianten, deren Kragen so kurz ist, dass die Spitzen selbst beim dünnsten Krawattenknoten vom Hemd abgehoben werden.
- zu weit auseinander stehende Spitzen, da Sie dann einen sehr breiten, aber flachen Knoten benötigen, der Ihren Kragen unproportional aussehen lässt.
- diese Kragenform, wenn Sie ein breites, rundes Gesicht haben. Hier tut Ihrer Optik ein lang gezogener Umlegekragen (Turndown Collar) gut.

Im Straßenbild wird der frische, gepflegte Look dieses Kragens leider häufig durch einen zu kleinen Krawattenknoten ruiniert, der links und rechts die Kragenecken bloß lässt. Der Knoten muss zumindest oben breiter sein, um wirklich den ganzen Bereich zwischen den Kragenenden auszufüllen und sich harmonisch in den Kragen zu fügen. Welche Knotenform Sie verwenden, hängt vom Schnitt der Kragenvariante Ihres Hemdes ab.

Buttondown Collar

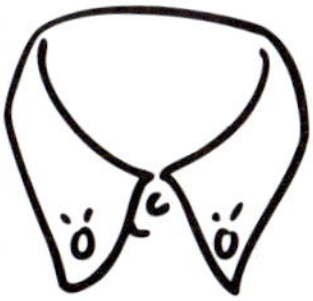

Dieses Hemd wird in den USA auch im Büro getragen. Leider entsprechen die meisten europäischen Hemden dieser Form nicht dem Original („soft roll collar“) von Brooks Brothers und machen daher zum Anzug nicht

so eine gute Figur. In Europa werden Sie Schwierigkeiten haben, ein Buttondown-Hemd zu bekommen, in dessen Kragen Sie einen richtig dimensionierten Knoten unterbringen können. Beim Original ist der Kragen weiter geschnitten und die Kragenspitzen stehen weiter auseinander. Europäische Buttondown-Hemden passen am ehesten zum Smart-casual-Look, zum Beispiel im Sommer zu Stoffhosen.
Die Einlage des Kragens muss sehr weich sein, damit Sie den Kragen in sanfter Rundung zum Bruststoff des Hemdes „rollen" können, wo sich die beiden Knöpfe zur Befestigung befinden.
Die Knöpfe sollten *immer* geschlossen werden. Sie müssen hierzu also einen schmalen Knoten verwenden oder das Hemd, sehr leger, ohne Krawatte tragen.
Meiden Sie den Buttondown-Kragen, wenn Sie ein Doppelkinn oder ein kräftiges Kinn haben, denn er betont die Kinnpartie noch, anstatt von ihr abzulenken.

Exot 1: Tab Collar

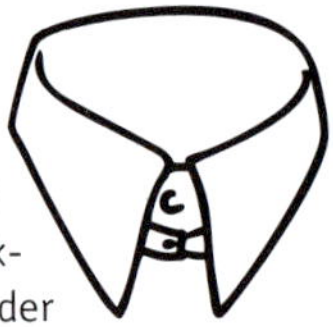

Der Tab-Collar hat in anderen Ländern überzeugte Anhänger, da man damit so „angezogen" aussieht. Zudem sitzt der Krawattenknoten perfekt und verrutscht nicht. Das liegt am charakteristischen Merkmal des Tab-Collars, einem schmalen Steg, der die beiden Kragenspitzen ordentlich miteinander verbindet.
Der Tab-Collar sieht sehr gut zu Anzügen aus. Schleifen können Sie zu diesem Kragen natürlich nicht tragen, da sie sich nicht in den kleinen Ausschnitt zwischen Kragen und Steg quetschen lassen (sollten). Und auch auf stark asymmetrische Knoten sollten Sie beim Tab-Collar verzichten.
Wie legen Sie ihn an? Steg aufknöpfen, Kragen hochschlagen, die Krawatte wie gewohnt binden, den Kragen umschlagen, dann den Steg unterhalb des Knotens wieder schließen.
Beim Tab-Kragen entfällt das Nachjustieren des Knotens im Laufe des Tages, das viele Männer lästig finden.

Exot 2: Pin Collar

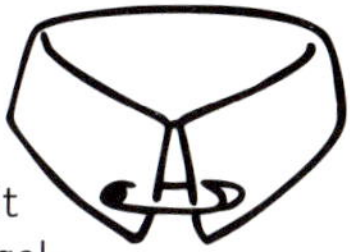

Beim Pin-Collar werden die Kragenspitzen statt mit einem Stoffsteg mit einer Stange zusammengehalten. Stilistisch korrekt gehört zu einem echten Pin Collar (mit Ösen) eine Stange; die Pins in Form einer goldenen Sicherheitsnadel werden zu Kragen ohne Ösen getragen. Die Zahl der Fans und Gegner dieser Kragenform hält sich vermutlich die Waage.

- Die Kragenstange („pin") bietet einem Mann die Möglichkeit, einen stilistischen Akzent hinzuzufügen.
- In den meisten Varianten glitzert der Pin vorwitzig – das ist sicherlich eher für den Abend geeignet und lenkt zudem von Ihrem Gesicht ab!
- In den USA werden die Pins vom Vater an den Sohn vererbt. Sie können dort in Antiquitätengeschäften schlichte und toll gearbeitete Variationen finden.

Meiden Sie diese Kragenform bei einer starken Kinnpartie und wenn Sie ein Doppelkinn haben.

Spezielle Hemd- und Kragenformen

Bei der Abendgarderobe werden Sie mit einer anderen Kragenform in Kontakt kommen, die in Deutschland den altmodischen Namen „Kläppchenkragen" (oder Vatermörder) trägt. Bei diesem hoch aufgestellten Kragen, der bei Smokinghemden Verwendung findet, werden nur vorne zwei kleine Ecken zu Kragenspitzen umgebogen. Sie sollten am besten die elegante Schleifenform (→ 29.) dazu tragen. Tragen Sie ein Hemd mit dieser Kragenform zum Cut, gehört ein Plastron (→ 30.) oder als Variante eine silbergraue Krawatte um den Hals.

5. Accessoires

Krawattennadeln, die Ihnen zu einer Krawatte angeboten werden, sind heutzutage meist keine wirklichen Nadeln mehr (die benötigen Sie nur bei Plastrons), sondern in Deutschland meist Clips oder Barette. Sie müssen eine Krawatte nicht befestigen! Möchten Sie es gern, wählen Sie am besten möglichst schlichte und klassische Krawattenhalter.

Clips, Stangen und Klammern schieben Sie über das breite und schmale Ende der Krawatte, bis sie (von außen unsichtbar) zwischen zwei Knöpfen in Ihrem Hemd „einrasten". So kann das schmale Ende nicht mehr hervorlugen, die Krawatte nicht verrutschen und die Klammer hat selbst auf einem glatten Stoff nur noch ein kleines Stück Bewegungsfreiheit (siehe unten).
Komplizierter ist die Verwendung eines *tie tack*, der in den USA sehr verbreitet ist: Er besteht aus einem kleinen „Knochen" mit Kettchen, an dessen Ende ein Gegenstück zur Nadel sitzt. Die dazugehörige Nadel sieht nicht aus wie eine Plastronnadel, sondern eher wie eine übergroße Heftzwecke. Sie müssen den *tie tack* in seine zwei Einzelteile zerlegen. Dann fädeln Sie den „Knochen" durch ein – zuvor aufgeknöpftes – Knopfloch Ihres Hemdes (Höhe: siehe unten). Knöpfen Sie das Hemd wieder zu. Drapieren Sie die beiden Enden der Krawatte übereinander und ziehen Sie beide etwas straff. Ungefähr auf derselben Höhe wie das verwendete Knopfloch stecken Sie die Nadel durch die Krawatte und drücken sie in ihr Gegenstück, das an dem Kettchen hängt.

Der richtige Sitz

Echte Krawattennadeln wurden ungefähr fünf Zentimeter unterhalb des Knotens getragen (manche tragen sie bei einem

Kreuzknoten auch im Knoten, dann fungieren sie jedoch als ein reines Zierelement). Vermeiden Sie es, moderne Krawattenclipse und *tie tacks* zu weit oben ins Hemd zu haken; sie gehören auf Höhe des Oberbauches. Wenn Sie ein Jackett, einen Pullover oder eine Weste tragen, können Sie auf die Krawattenklammer verzichten. *Tie tacks* erlauben der Krawatte mehr Bewegung als Clipse. Nachteil: Sie durchstechen den Krawattenstoff.

Verhexte Krawattenklammern?

Auf einer glatten Krawatte, noch gesteigert durch die Kombination mit einem glatten Hemd, findet eine Krawattenklammer nicht genug Halt und wandert wie von Zauberhand immer wieder an Ihrer Krawatte abwärts, selbst wenn Sie sich gar nicht bewegen. Sie merken es daran, dass sich die Blicke Ihrer Gegenüber immer wieder wie gebannt auf Ihre Brust heften. Zunächst sollten Sie die Klammer wirklich auch am Hemd befestigen! Verrutscht sie immer noch, könnten Sie sich mit einem *tie tack* oder einer Krawattennadel behelfen. Allerdings wirken Krawattennadeln, selbst in einer eleganten Variante, leicht etwas affektiert. Und in den USA, wo der *tie tack* zu Hause ist, gibt es genauso viele Kritiker wie Fans. Überlegen Sie sich daher, ob Sie unbedingt eine Krawattennadel oder -klammer tragen müssen (oder wollen). Eine gewisse Dynamik bei Krawatten ist nicht schlimm – Sie sollten nur ab und zu den Sitz im Kragen überprüfen und die Krawatte auf der Brust justieren.

Tipp

Ein weiteres Accessoire zur Krawatte, das heutzutage oft vergessen wird, ist die Kragenstange. Sie ist in den USA verbreiteter als hier. Unter dem Begriff „Pin Collar“ (→ 4. Kragenformen) finden Sie mehr zu diesem Thema.

6. Die richtige Krawatte für jede Gelegenheit

Damit Sie auf der Suche nach dem passenden Knoten nicht immer alle Knotencharakteristika („Auf einen Blick") durchlesen müssen, finden Sie auf den nächsten Seiten eine Übersichtstabelle mit Kriterien und ihnen zugeordneten Knoten.

Zuvor ein paar generelle Tipps zur Kombination von Hemd und Krawatte. (Weitere Tipps finden Sie auch eingestreut auf den Seiten mit den Knotenbeschreibungen.)
Nachdem lange Zeit leichte Stoffe mit Ton-in-Ton-Mustern und kleine Knoten wie der Four-in-Hand die Mode bestimmten, rufen die Krawattenmacher jetzt die Rückkehr zu schwereren Stoffen und größeren Knoten wie dem Windsor aus. Nach dezenten Mustern und Ton-in-Ton-Look von Hemd und Krawatte in den 90ern soll jetzt wieder mehr Farbe und Kreativität bei der Krawatte gefragt sein.

Vorsicht

Gestreifte Krawatten mit gemusterten Hemden zu kombinieren ist allerdings knifflig. Und schwerere Stoffe haben, je nach gewähltem Knoten, die unschöne Eigenschaft, die Kragenspitzen vom Hemd abzuheben (→ 4. Kragenformen).

Wenn Sie sich eine Krawatte aus festerem Stoff kaufen, sollten Sie daher Ihre Hemdensammlung überprüfen: Hebt der

Knoten mit der neuen Krawatte auch in der einfachsten Knotenform (zum Beispiel Four-in-Hand) die Kragenenden in die Luft und scheint den Kragen zu sprengen, müssen Sie sich zusätzlich ein Hemd mit einer anderen Kragenform zulegen. Nehmen Sie generell beim Hemdenkauf Ihre Lieblingskrawatten mit, damit Sie die passende Kragenform kaufen. Sie werden immer ein weißes und ein blaues Hemd mit Ihrer bevorzugten Kragenform finden – bei gemusterten modischen Schnitten und Stoffen herrscht die Kragenform vor, die momentan en vogue ist. Sitzt Ihr üblicher Knoten zu groß oder zu schmal im neuen Hemd, können Sie sich mit diesem Buch behelfen: Suchen Sie sich einfach aus derselben Knotenfamilie (→ 36. Knotennamen und -familien) einen mit mehr oder weniger Windungen gebundenen Knoten. Die Chancen stehen gut, dass Ihnen dieser Knoten genauso gut steht, aber mit der anderen Kragenform besser harmoniert.

Achtung

Übersicht Krawatte, Knoten und Stoff
Auf der nächsten Seite finden Sie eine Übersicht, die Ihnen den Weg zum richtigen Knoten abkürzen kann. Aber Achtung: Denken Sie daran, dass die Angaben „kleiner Knoten" oder „passend für breitere Kragenausschnitte/schmale Kragenausschnitte" relativ sind! Wie groß der Knoten wird, hängt von dem Stoff ab, den Sie verwenden, und von der Breite der Krawatte. Ein Four-in-Hand in einem leichten Seidenstoff passt in schmale Kragenöffnungen – mit einem voluminösen Stoff mit dickem Futter gebunden passt er in breite Kragen! Theoretisch könnte man daher für jeden Knoten bei fast jeder Eigenschaft ein Kreuzchen setzen. Da dies nicht sehr hilfreich für Sie gewesen wäre, wurden besonders typische Eigenschaften ausgewählt.

	Kent (8.)	Four-in-Hand (9.)	Oriental (10.)	Kelvin (11.)	Onassis (12.)	Pratt (13.)
leichter Stoff		•		•	•	•
normaler Stoff	•	•	•	•	•	•
schwerer, voluminöser Stoff	•	•	•			•
Seidenstoff	•	•		•	•	•
Wollstoff	•	•	•	•		•
unifarben	•	•	•	•	•	•
gemustert	•	•	•	•		•
Büro		•		•		•
festliche Anlässe		•		•		
für Anfänger		•		•	•	
für große Männer	•	•	•	•		
für kleinere Männer						
für leicht abgetragene Krawatten						
krawattenschonend		•				
kleiner Knoten	•	•	•	•		
symmetrisch			•	•		(•)
asymmetrisch	•	•			•	
schlichter Knoten (Krawattenstoff steht im Mittelpunkt)	•	•	•	•		•
außergewöhnlicher Knoten (Knoten steht im Mittelpunkt)					•	
Inside-out			•	•		
breitere Kragenausschnitte (z. B. Haifischkragen)					•	•
schmalere Kragenausschnitte (z. B. Kent)	•	•	•	•		

	Nicky (14.)	Victoria (15.)	Prinz Albert (15.)	Halber Windsor (16.)	St. Andrew (17.)	Manhattan (18.)	Plattsburgh (19.)	Cavendish (20.)	Kreuzknoten (21.)	Der Diagonale (22.)	Doppelter Windsor (23.)	Grantchester (24.)	Hanover (25.)	Balthus (26.)
	•	•	•	•	•	•	•	•	•		•	•	•	•
	•	•	•	•	•	•	•	•	•	•	•			
		•	•							•				
	•	•	•	•	•	•	•	•	•	•	•	•	•	•
	•	•	•	•	•			•	•	•	•	•	•	
	•	•	•	•	•	•	•	•	•	•	•	•	•	•
	•	•		•	•	•	•	•	•		•	•	•	•
	•	•	•	•	•		•	•	•		•			
		•	•	•	•		•	•	•	•			•	
	•	•	•			•					•		•	
	•	•	•	•										
		•	•	•		•	•	•	•		•	•	•	•
						•	•					•	•	•
	•	•				•					•		•	
	•	•	•	(•)			•	(•)	•		•		•	•
					•	•				•		•		
	•	•		•	•	•	•	•			•	•	•	
			•						•	•				•
	•				•	•	•					•	•	•
	•	•	•	•	•	•	•	•		•	•	•	•	•
		•	•					•	•					

7. Grundlagen des Bindens

Zunächst eine Entwarnung: Gezeichnete Knotenabfolgen wirken immer komplizierter, als der Bindevorgang in der Praxis tatsächlich ist.

Neue Knoten gelingen nicht auf Anhieb – manchmal sieht das Endergebnis ganz anders aus, da Sie zum Beispiel im letzten Schritt den Knoten zu fest oder nicht fest genug gezogen haben. Die Zeichnung des fertigen Knotens und die Beschreibung unter „Auf einen Blick" zeigen Ihnen, in welche Richtung das Endergebnis gehen sollte. Probieren Sie mit einem „Übungsschlips" einfach einige Zeit, bis der Knoten für Sie zufrieden stellend aussieht. Die Reihenfolge der einzelnen Knoten in diesem Kompass ergibt sich aus dem ansteigenden Schwierigkeitsgrad, damit Sie sich mit zunehmender Geschicklichkeit „voranarbeiten" können.

Die Zeichnungen

Die Zeichnungen sind so angelegt, als würden Sie die Bewegungen in einem Spiegel sehen. Erfahrungen haben gezeigt, dass ungefähr die Hälfte aller Männer vor dem Spiegel knotet, die andere Hälfte dreht die Bindeanleitungen auf den Kopf und betrachtet beim Knoten die Hände. Daher wurden keine Erläuterungen neben die Zeichnungen geschrieben. Schwierige Schritte, die sich nicht allein aus der Zeichnung erschließen, werden separat unter der Überschrift „Wichtig" erklärt.

Rechtshänder führen die Krawatte mit rechts, Linkshänder mit links. Das klingt selbstverständlicher, als es ist: Von allen gängigen Knoten existieren auch spiegelverkehrte Varianten, die häufig einen eigenen Namen tragen (so ist

zum Beispiel der „persische Knoten" ein spiegelverkehrter Windsor). Abstrus wird es, wenn diese Knoten weitergegeben werden – etliche Rechtshänder knoten den Windsor mit dem aktiven Ende in der linken Hand, da sie es so gelernt haben.
In diesem Buch werden die Knoten in den Zeichnungen für Rechtshänder dargestellt – das aktive Ende liegt in der rechten Hand. Als Linkshänder tauschen Sie einfach die Seiten um, damit Sie das breitere Ende mit der linken Hand führen können.

Vor dem Start

Knöpfen Sie Ihr Hemd bis oben hin zu und stellen Sie den Kragen auf. Legen Sie die Krawatte um den Hals. Für „normale" Knoten mit dem Saum in Richtung Hemd. Für die Knoten, die hier „Inside-out" genannt werden (nach den „verkehrten" Sushi-Rollen, die den Reis außen und den Tang innen haben), machen Sie es genau andersherum. Achten Sie darauf, dass Sie die Krawatte während des Knotens nicht verdrehen! (Es sei denn, es handelt sich um den Kent oder Sie möchten damit bewirken, dass Sie einen Inside-out-Knoten mit der Naht nach außen binden können – Tipps dazu finden Sie bei den jeweiligen Knoten.)
Das Lästigste beim Knotenbinden ist, die richtige Höhe der beiden Enden vor dem Binden zu wählen. Das schmale Ende soll am Schluss nicht tiefer als das breite und das breite Ende sollte knapp auf Gürtelhöhe hängen. Je mehr Verschlingungen ein Knoten hat und je größer Sie sind, desto weiter oben sollte das schmale Ende der Krawatte vor dem Binden platziert werden. Eine typische „Startposition" liegt zwischen Gürtelhöhe und Höhe Ihrer Brustwarzen. Leider geht hier wirklich nur probieren über studieren.

Und nun zur Tat

Folgen Sie nun den Zeichnungen. Normalerweise überkreuzen Sie zunächst die Enden der Krawatte ungefähr zwei Zentimeter unterhalb Ihres obersten Hemdknopfes. Fixieren Sie diese erste Bindung – bewährt hat sich, den linken Zeige- und Mittelfinger leicht oben auf die Überkreuzung zu legen und mit dem Daumen von unten zu stabilisieren. Je nach Länge der Knotenfolgen müssen Sie diesen Fixierungsgriff während des Verknotens variieren. Zeige- und Mittelfinger halten letztlich immer einen Platz frei, durch den Sie zum Schluss das breite Ende der Krawatte führen.

Die letzten Schritte

Führen Sie zum Schluss das breite Ende der Krawatte durch die Schlaufe und ziehen Sie es nach unten. Damit schließt sich der Knoten. Soll der Knoten sehr kompakt sein, ziehen Sie es etwas stärker nach unten.

Tipp

Nun können Sie einige Feinjustierungen vornehmen: Wenn Sie am schmalen Ende ziehen, löst sich der Knoten wieder etwas und Sie können ihn nach oben in Richtung Kragen bewegen. Während Sie ihn bewegen, können Sie ihn zwischen den Fingern formen und „herausarbeiten“. Manche Knoten sehen ganz von selbst fast perfekt aus – bei anderen müssen Sie stärker Hand anlegen und sie in Form bringen. Die Beschreibung des Knotens (zum Beispiel „kegelförmig, leicht asymmetrisch“) gibt Ihnen dabei die Richtung vor. Gehen Sie allerdings nicht zu brachial vor – sonst sehen bei Ihnen alle Knoten gleich aus und die Krawatte leidet zu stark. Je dicker das Inlay der Krawatte ist, desto schlechter lässt sich ein Knoten herausarbeiten.

Klappen Sie nun den Kragen herunter und arrangieren Sie den Knoten zwischen den Kragenspitzen. Als Letztes können

Sie das schmale Ende durch die Schlaufe oder das Etikett auf der Rückseite stecken. Es ist allerdings kein Stilbruch, wenn Sie dies nicht tun: Manche europäische Nachbarn lassen das schmale Ende auch hinter dem breiten hervorlugen.
Ausnahmen bilden der Plastron (→ 30.), ein mit einem Krawattenschal gebundener Knoten, oder zum Beispiel der Vismara (→ 33.) – hier haben Sie zwei gleich breite Stoffbahnen, die Sie mit oder ohne Krawattennadel auf der Hemdbrust arrangieren.

Das Lösen der Krawatte

Lockern Sie zunächst den Knoten vorsichtig so weit wie möglich. Ziehen Sie das schmale Ende aus dem Knoten und nehmen Sie den Schlips ab. Bei den selbstlösenden Knoten (→ 1. Eine kurze Einführung) löst sich der Rest nun von selbst. Die wenigen nicht selbstlösenden Knoten müssen leider Schritt für Schritt wieder aufgeknotet werden. Rollen Sie dann die Krawatte sanft und locker um die Hand und verstauen Sie sie liegend (Seidenschlipse auch hängend).

Achtung

Der Feierabend naht – endlich darf der Krawattenknoten gelockert und die Krawatte auf halbmast getragen werden? Auch wenn der halb aufgezogene Knoten im Sommer sehr befreiend sein kann, gibt es für Krawatten, wenn sie stilistisch einwandfrei getragen werden, nur zwei Daseinsformen: korrekt gebunden um den Hals oder zusammengerollt in der Schublade. Bedenken Sie ebenfalls: Auch eine Seidenkrawatte wird Sie zum Schwitzen bringen – aber ungleich weniger als ein Synthetikschlips! Im Hochsommer können Sie bei einem legeren Outfit mit kurzärmligem oder sportlich geschnittenem Hemd auch ganz auf die Krawatte verzichten.

8. Der Kent

Geht es nach der Anzahl der Schlingungen, ist nicht der Four-in-Hand der einfachste Knoten (wie oft behauptet), sondern der Kent. Folgerichtig läuft er ebenfalls häufig unter dem Namen „Einfacher Knoten".

Der kleinste Knoten

Der Kent heißt auch „kleiner Knoten". Und das beschreibt ihn sehr gut: Er hat eine volle Schlaufe weniger als der Four-in-Hand (→ 9.). Einen Knoten ergibt das nur, wenn Sie einen Trick anwenden (siehe unten). Und genau der macht den Kent kniffliger, als er zunächst aussieht.

Einsatzgebiete

Es ist schwierig, einen Tipp zu geben, zu welchen Gelegenheiten Sie den Kent am besten tragen sollten – es hängt sehr von der gewählten Stoffqualität ab. Mit leichten Stoffen und schmalen Krawatten wirkt der Knoten sehr eindimensional (flach) und wird sehr klein. Trotzdem bietet er sich an, wenn Sie nur eine sehr kurze Krawatte zur Verfügung haben (zum Beispiel eine Leihgabe), aber sehr groß sind. Genauso wie den Oriental (→ 10.) können Sie den Kent aber auch mit sehr dickem oder voluminösem Krawattenstoff oder sehr breiten Krawatten verwenden. Mit strukturierter Seide, Tweed oder Wolle passt er zu schmalen oder etwas breiter ausgeschnittenen Kragen und macht dann sowohl im Büro als auch beim abendlichen Restaurantbesuch eine gute Figur.

Wichtig

Legen Sie sich den Schlips wie gewohnt um den Hals. Je nach Körpergröße kann das schmale Ende etwas tiefer hängen als üblich, da noch weniger Stoff vom Knoten verbraucht wird als beim Four-in-Hand.

Bevor Sie zu knoten beginnen, drehen Sie das breite Ende der Krawatte um 180° (siehe Abbildung 1). Diese „Welle“ in der Krawatte wird nach der nächsten Umrundung dem Schlips genug Halt geben, damit er sich zu einem Knoten formen lässt.

So geht's

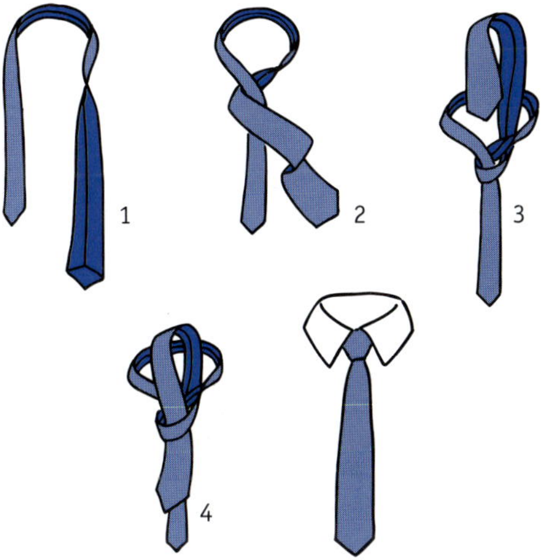

Auf einen Blick

- für kleine Kragen
- für normale und schwere Stoffe
- kleiner Knoten
- für Männer mit Geduld und guter Feinmotorik
- für voluminöse Krawatten
- asymmetrisch
- nicht selbstlösend
- besonders für große Männer geeignet
- mit strukturierten Stoffen auch bürotauglich

9. Der Four-in-Hand

Dieser Knoten, altmodisch manchmal noch „Vierspänner" genannt, läuft nicht umsonst auch unter Bezeichnungen wie „einfacher" Knoten – er ist sehr leicht zu binden und sieht auch beim Krawatten-Neuling schon auf Anhieb gut aus. Der Knoten ist ausgesprochen vielseitig: Mit unterschiedlichen Stoff-Qualitäten passt er zu fast jeder Kragenform.

Der Four-in-Hand ist immer noch der „Einstiegsknoten", den jeder Junge von seinem Vater lernt. Daher begegnet er uns auch unter so unterschiedlichen Namen wie „italienischer Knoten" oder „altdeutscher Knoten" – je nach dem Land, das glaubte, diesen einfachen Knoten entdeckt zu haben. Noch ein Plus: die krawattenschonende Bindetechnik!

Von den Kutschern abgeschaut?

Der Four-in-Hand scheint, wie einige andere Krawattenknoten auch, aus einem Seemannsknoten (zwei halbe Schläge) entstanden zu sein. Über die Entstehung des Namens „Four-in-hand" oder „Vierspänner" gibt es verschiedene Theorien. Zu der Zeit, als er aufkam, gab es noch vierspännige Kutschen, deren Kutscher die Zügel der Pferde angeblich mit diesem Knoten zusammenbanden, wenn sie pausierten. Andere Quellen besagen, die Kutscher hätten ihre Schals mit diesem Knoten versehen um den Hals getragen. Oder diese Kutschen durften nur von Männern gelenkt werden, die eine Art Krawatte trugen. Außerdem gab es zur selben Zeit einen Londoner Herrenklub mit diesem Namen, dessen Stammgäste den gerade in Mode gekommenen Langbinder (→ 1. Eine kurze Einführung) mit diesem Knoten trugen und dadurch angeblich populär machten.

Wichtig

Viele seiner Träger bemühen sich, ihn „gerade" hinzubekommen. Das Charakteristikum des Four-in-Hand ist seine Asymmetrie! Gerade dadurch bietet er sich nicht nur als Einsteiger-Knoten an, sondern auch für alle Krawattenträger, die etwas Individualität und Pfiff demonstrieren möchten. Ist Ihnen ein symmetrischer Krawattenknoten wichtig, werden Sie mit einem einfachen Windsor (→ 16.) vermutlich glücklicher.

So geht's

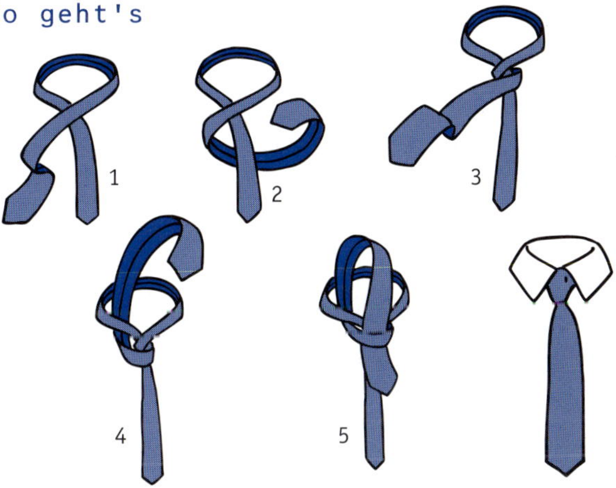

Auf einen Blick

- asymmetrisch
- für schmale bis breitere Kragen
- für jeden Krawattenstoff
- der klassische Knoten
- selbstlösend
- für alle Anlässe

10. Der Oriental

Dieser Knoten wirkt nur einfach, da er mit sogar noch weniger Windungen als der Four-in-Hand gebunden wird. Tatsächlich ist es etwas schwieriger, ihn in eine schöne Form zu bringen. Vor allem für Krawatten aus sehr groben Stoffen ist er jedoch sehr geeignet.

Herkunftsland Asien?

„Oriental“ heißt im Englischen „von orientalischer oder asiatischer Herkunft“. Zum ersten Mal verzeichnet findet sich dieser Knoten bei Fink und Mao (→ 40. Bücher, die weiterhelfen). Sie behaupten, dass der Oriental für den asiatischen Raum das ist, was der Four-in-Hand für Europa und die USA.

Achtung

Da er nur drei Handgriffe erfordert, wird dieser Knoten in Krawattenratgebern immer als Erstes genannt. Aber trotz seiner Einfachheit ist er nicht unbedingt für Einsteiger geeignet! Die kleine schnittige Form, die ihn vor allem zum idealen Knoten für voluminöse und Wollkrawatten macht, lässt sich nur mit einigem Üben bewerkstelligen. Als Krawatten-Novize sollten Sie sich daher zunächst lieber am Four-in-Hand oder Kent versuchen.

Wichtig

- Zum Binden wird der Knoten mit der Naht nach außen um den Hals gelegt. Fertig gebunden ist das breitere Ende „richtig“ herum gedreht, der Rest zeigt aber immer noch die Nahtseite und muss daher von einem Hemdkragen gut verborgen werden.

- Dieser Knoten lockert sich leicht, er muss daher sehr sorgfältig gebunden und nachgezogen werden.
- Da er nur einen Kreuzungsschritt enthält, wird zudem sehr wenig Stoff der Krawatte „verbraucht". Es wird häufig passieren, dass das schmale oder das breite Ende der Krawatte zu lang sind (→ 3. Der perfekte Sitz). Dadurch ist er gut für größere Männer geeignet.

So geht's

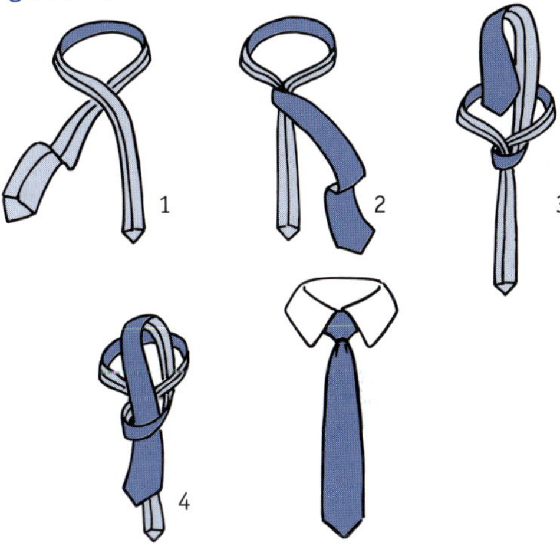

Auf einen Blick

- Inside-out-Knoten (die Grundform)
- leicht asymmetrisch, ein schlichter Knoten
- für kleine Kragen
- für voluminöse Krawatten
- der einzig wahre Knoten für Wollkrawatten
- nicht selbstlösend
- für große Männer

11. Der Kelvin

Der Kelvin tritt gerade erst seinen Siegeszug bei Krawattenträgern an. Durch seine schmale elegante Form und Symmetrie wird er sicher bald noch mehr Anhänger finden.

Inside-out mit Pfiff

Der Kelvin trägt den Namen eines sehr bekannten britischen Physikers und Mathematikers aus dem 19. Jahrhundert, der durch die Erfindung einer Temperaturskala jedem Schüler geläufig ist. Für die Knotenchronisten Fink und Mao bot sich der Name vermutlich an, da Lord Kelvin im 19. Jahrhundert auf die Idee kam, Atome könnten aus Knoten bestehen, und damit die Knotentheorie (das Gebiet, auf dem auch Fink und Mao forschen) begründete.
Der Krawattenknoten Kelvin ist eine Erweiterung des Oriental (→ 10.). Er gehört zu den „Inside-out"-Knoten, wird also mit der Naht nach außen um den Hals gebunden. Da der Knoten aber exakt zu Ihren Kragenausschnitten passen sollte, ist die Naht nach dem Binden nicht mehr sichtbar.

Wichtig

Den letzten Schritt des Kelvin kann man auf zwei Arten binden (siehe die Variante in den Abbildungen). Genau wie beim Prinz Albert (→ 15.) kann das breite Ende der Krawatte durch die vordere oder hintere Schlaufe des Knotens geführt werden. Führt man es durch die vordere Schlaufe, entsteht der „normale" Kelvin. Führt man es durch die hintere Schlaufe, entsteht ein weiterer „Ring", dem Kreuzknoten nicht unähnlich. Diese Knotenvariante wird auch als „Diagonaler" bezeichnet. Ein anderer Knoten trägt denselben Namen (→ 22. Der Diagonale), wird aber ganz anders gebunden und sieht eleganter aus.

So geht's

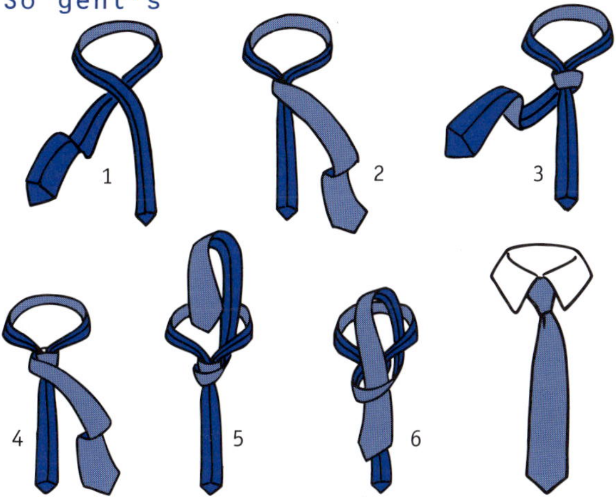

Und die Variante

Auf einen Blick

- symmetrisch
- schmaler Knoten
- für kleine Kragen
- für dünne bis normal starke Krawatten
- Die diagonale Variante: ausgefallene Form
- nicht selbstlösend

12. Der Onassis

Bei Männern ist diese Variante des Four-in-Hand eher etwas für den Karneval, auch exzentrische Millionärs-Paradiesvögel können sich damit schmücken. Frauen, die mit Damenkrawatten verspielter auftreten können als Männer im Businessalltag, sollten sich auf jeden Fall einmal an diesem Knoten mit Überschlag versuchen.

Der Erfinder dieser Krawattenknoten-Variation lässt sich schon im Namen erkennen: Aristoteles Onassis, Großreeder, Multimillionär – und nicht zuletzt zu weltweiter Berühmtheit gelangt als Mann von Jacqueline Kennedy, der Witwe des ehemaligen amerikanischen Präsidenten.
Onassis veränderte einen gewöhnlichen Four-in-Hand, indem er, anstatt das breite Ende in einem letzten Schritt festzuziehen, es wieder nach innen zog und dann lose über den Knoten nach vorne warf.
Der Kragen, den man für diesen Knoten benötigt und den Onassis auch immer getragen hat, ist ein extrem weit gespreizter Haifisch-Kragen (→ 4. Kragenformen, „Cutaway Collar"). Vervollständigt wurde das Ensemble durch die berühmte breite Onassis-Brille.
Das Material sollte nicht zu schwer oder voluminös sein. Eine normale Stoffqualität, leicht strukturiert, passt am besten zu diesem Knoten. Damit die Krawatte nicht noch stärker auffällt, als sie es durch diesen ungewöhnlichen Knoten ohnehin schon tut, sollten Sie möglichst eine stilvolle, unifarbene Krawatte verwenden.

Wichtig

Die ersten fünf Schritte sind identisch zum Binden eines Four-in-Hand. Der letzte Schritt ist leichter, als es gezeichnet aussieht oder sich anhört. Wichtig ist, dass Sie das breite Ende entgegen der Ausrichtung des Knotens (bei Rechtshändern nach rechts) hinter den Knoten zurückführen. Dann einfach nur am Hals entlang durch die Halsschlinge ziehen, über dem Knoten ganz herausziehen und nach vorne lose über den darunter liegenden Knoten fallen lassen.

So geht's

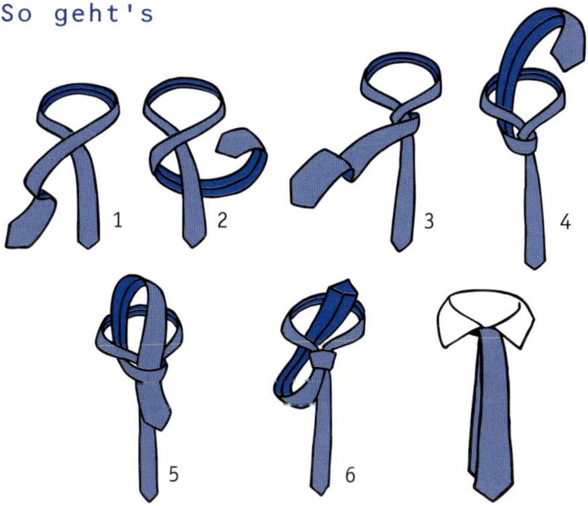

Auf einen Blick

- für extrem weit gespreizte Kragenformen
- asymmetrisch
- für stilvolle, möglichst unifarbene Krawatten
- für leichte und normale Stoffe
- für Damenkrawatten und „verspielte" Anlässe
- nicht selbstlösend
- nicht für den Business-Alltag geeignet
- Scherzknoten

13. Der Pratt

Auch der Pratt ist unter vielen Namen bekannt: Shelby, Umgekehrter Halber Windsor und American oder Classic American.

Der Windsor-Ersatz

Zum amerikanischen Lifestyle passt der in den USA beliebte Knoten gut, da er sehr unprätentiös daherkommt – und er ist einfacher zu binden als der Windsor. Ist die Krawatte dick gefüttert, können Sie mit dem Pratt, dezent asymmetrisch, Kragenausschnitte füllen, für die Sie eigentlich einen Windsor benötigen. Da die Bewegungsfolge einfacher als beim doppelten Windsor ist, können Sie damit auch kürzere Krawatten zu einem voluminöseren Knoten binden.

Handarbeit

Etwas Nerven kann es, je nach Krawattenstoff, kosten, den Knoten nach dem letzten Schritt zu formen. Der Pratt gehört zu den Knoten, die „nachgearbeitet" werden müssen, um eine schöne Form zu haben. Sie müssen also während des Zuziehens etwas fester zugreifen und den Stoff in Form drücken.

Wichtig

Das Original des Pratt ist ein „Inside-out-Knoten" – Sie beginnen mit der Naht nach außen und behalten dies bis zum Schluss bei; der Kragen verdeckt die Naht am Schluss.
In Kontinentaleuropa ist der Pratt aber auch in einer Variante bekannt, bei der man den Knoten mit der Naht nach innen binden kann: Sie legen die Krawatte mit der Naht nach innen um den Hals. Während Sie das schmale Ende fixieren, drehen Sie das breite Ende um eine halbe Drehung, sodass es nun mit der Naht nach außen um Ihren Hals hängt. Dann fahren Sie wie beim „Original"-Pratt fort.

Versuchen Sie ihn zuerst auf jeden Fall mit der Naht nach außen (inside-out). Wenn es Sie nur stört, dass das schmale Ende der Krawatte auch „inside-out" ist, müssen Sie sich nicht mit der Variante abmühen, sondern können sich mit einem Trick behelfen: Bevor Sie den Knoten festziehen, können Sie das schmale Ende „richtig" herum drehen.

So geht's

Auf einen Blick

- (fast) symmetrischer Knoten
- bei breiten oder schweren Krawatten voluminös
- für etwas breitere Kragenausschnitte
- für „Freizeit"-Anlässe, aber auch für den Büroalltag
- für Fortgeschrittene (Korrektur des Knotens nötig)
- nicht selbstlösend

14. Der Nicky

Der Nicky wird auch Olney, New Classic oder Free American genannt. Ein einfacher, krawattenschonender Knoten, der durch seine schlichte Eleganz auch gemusterte Krawatten gut zur Geltung bringt.

Der Italiener

Der Legende nach wurde der Nicky von Ernesto Curami, von der Krawattenmanufaktur „Nicky" in Mailand, bekannt gemacht. Curami ließ ein Faltblatt mit diesem Knoten drucken, denn als Mensch mit einem Herz für Krawatten schätzte er den Umstand, dass der Nicky so schonend zum Stoff ist und die Krawatte beim Binden nicht verknittert.

Pyramidenform

Davide Mosconi (→ 40. Bücher und Links, die weiterhelfen) verglich die Form des fertig gebundenen Knotens mit einer Pyramide. Je nachdem, wie stark Sie den Knoten herausarbeiten und wie dünn und gleichzeitig fest der Stoff ist, wird der Knoten einer Pyramidenform oder dem schlanken, auf die Spitze gestellten Dreieck eines Plattsburgh (→ 19.) ähneln. Am elegantesten sieht er mit einer normalen (weder extrem leichten noch schweren) Krawatte aus – arbeiten Sie die „Dreiecksspitze" möglichst schmal. Der Knoten ist dann oben am Kragen verhältnismäßig breit und verjüngt sich stark am unteren Ende.

Wichtig

Das Original des Nicky ist ein „Inside-out-Knoten" – Sie beginnen mit der Naht nach außen und behalten dies bis zum Schluss bei; der Kragen verdeckt später die Naht.
In Kontinentaleuropa ist der Nicky auch in einer Variante bekannt, bei der man den Knoten „normal" (also mit der Naht

nach innen) binden kann: Sie legen die Krawatte mit der Naht nach innen um den Hals. Drehen Sie das breite Ende um eine halbe Drehung, sodass es nun mit der Naht nach außen um Ihren Hals hängt. Dann fahren Sie mit den Schritten wie beim „Original"-Nicky fort.

So geht's

Auf einen Blick

- Inside-out-Knoten
- symmetrisch
- für leichte bis normale Stoffe
- schlicht, vielseitig
- krawattenschonend
- Knoten mittelgroß
- für normale und etwas kürzere Krawatten
- für normal große bis große Männer
- selbstlösend

15. Der Victoria/ Prinz Albert

Man schlägt das breite Ende der Krawatte nicht nur einmal, sondern zweimal herum, bevor man den Knoten festzieht. Daher auch der andere Name: Doppelter Knoten.

Durch welche Schlaufe denn nun?

Bei diesem Knoten werden Sie sich beim letzten Schritt vermutlich ziemlich verwirrt fragen: Durch welche der Schlaufen soll ich denn das breite Ende nun ziehen?
Bei doppelt vorhandenen Schlaufen heißt der Knoten unterschiedlich, je nachdem, ob Sie das breite Ende der Krawatte am Schluss durch die vordere oder die hintere Schlaufe ziehen. Durch die vordere gezogen (wie beim Victoria oder beim Kelvin) ergibt sich eine fülligere Variante eines Grundknotens wie dem Four-in-Hand oder dem Oriental. Die hintere Schlaufe wird vom fertigen Knoten verborgen. Bilden Sie den Schlussknoten mit der hinteren Schlaufe (Prinz Albert), verändert sich das Erscheinungsbild des fertigen Knotens. Die vordere, leere Schlinge bleibt sichtbar als schmaler zweiter Ring.

Die Variante: Prinz Albert-Knoten

Wenn Sie das breite Ende das erste Mal um das schmale legen, sollten Sie es nicht zu fest anziehen, um sich den letzten Schritt zu erleichtern. Am besten stecken Sie einen Finger in die erste Schlinge, damit sie sich nicht zuzieht.

Wichtig

Damit beide Knoten nicht zu massig werden, muss man vor dem Binden das schmale Ende kurz halten.

So geht's

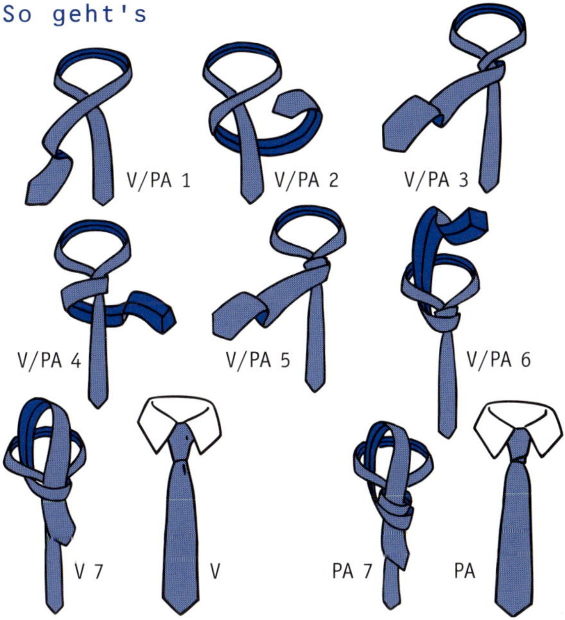

Auf einen Blick

- symmetrisch
- für etwas gespreizte Kragen
- gut zum Tab-Collar
- für längere, dünne Krawatten
- Victoria: fülliger Knoten
- Prinz Albert: exotisch mit Kreuzung
- origineller und klassischer Knoten
- selbstlösend
- für kleinere Männer geeignet

16. Der Halbe Windsor

Der „einfache" oder „halbe" Windsor ist sehr beliebt, da er ziemlich symmetrisch, leicht zu binden und sehr vielseitig ist.

Mit einer schmalen, leichten Krawatte gebunden passt er zu jeder Kragenform. Soll er einen breiteren Kragen ausfüllen, nimmt man einen dickeren Stoff oder eine breitere Krawatte.

Problemzone Kinn und Hals

Vor allem Männer mit einem kantigen Kinn bevorzugen den Windsor. Sie finden, dass er besser zu ihrer Kinnpartie passt als ein schmaler oder asymmetrischer Knoten. Gehören auch Sie zu dieser Fraktion, könnten Sie stattdessen auch mal einen der sieben- oder neunfach gebundenen Knoten ausprobieren. Genauso wie der Windsor verkürzen auch sie die Halspartie optisch. Dies gilt jedoch nur für Männer mit breitem Kinn, aber langem oder schmalem Hals und Gesicht. Bei einem rundlichen Gesicht sollten Sie lieber auf einen Kontrast setzen (siehe auch → 18. Manhattan).

Wichtig

Um den Windsor möglichst symmetrisch und dreieckig hinzubekommen, sollten Sie den Knoten sanft zurechtschieben, bevor Sie ihn festziehen. Wenn Sie breite Krawatten verwenden, verliert der Knoten seine schmale Dreiecksform und erhält mehr Betonung in der Breite.
Einen schönen Effekt gibt es beim Windsor, wenn Sie die Krawatte vor dem endgültigen Festziehen leicht zusammendrücken, sodass zwei Längsfalten rechts und links der Knotenmitte entstehen. Formen Sie die Falten mit den Fingern, während Sie den Knoten festziehen, sodass sie „einrasten".

Ist der Knoten festgezogen, können Sie die Falten in Form drücken – ähnlich wie das Grübchen (→ 3. Der perfekte Sitz und 23. Der Doppelte Windsor) lassen sie den Knoten gekonnt und weltmännisch aussehen.

So geht's

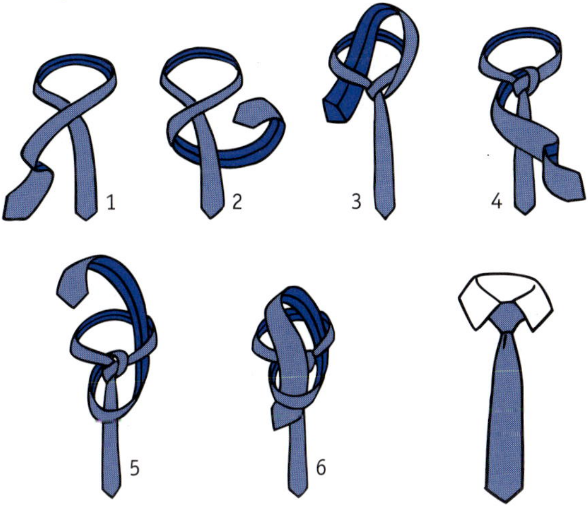

Auf einen Blick

- (fast) symmetrisch
- für gespreizte Kragen
- schlichter Knoten
- für schmale bis normal breite Krawatten
- auch für feste Stoffe (wird dann sehr groß)
- ideal für leichte oder geschmeidige Stoffe
- nicht selbstlösend
- gut für einen langen Hals, ein kantiges Kinn
- für Büro und festliche Anlässe

17. Der St. Andrew

Wenn Sie für einen bestimmten Kragen schöne, aber schmale Knoten suchen, können Sie es zunächst mit dem Kreuzknoten probieren. Benötigen Sie aber insgesamt mehr Volumen, könnte der St. Andrew für Sie die Lösung sein.

Den St. Andrew kennzeichnet neben seiner Breite eine leichte Asymmetrie. Benötigen Sie für einen Kragen das scheinbare Paradox eines großen, aber schmalen Knotens, sollten Sie ihn mit unterschiedlichen Krawattenstoffen ausprobieren.

Tipp

Die in England für das Businessleben verpönten, in Italien aber durchaus häufig getragenen Wollkrawatten müssen vorsichtiger kombiniert werden als Seidenstoffe. Wenn Sie zu unifarbenen Wollkrawatten in gedeckteren Farben greifen, liegen Sie damit immer richtig. Beim Umsteigen von Seiden- auf Wollkrawatten werden Sie andere Knoten verwenden müssen, da die Wollkrawatten, genau wie schwere gewebte Seidenstoffe, zunächst größere Knoten produzieren, als Sie es bisher gewohnt waren. (Es sei denn, sie sind durch längeren Gebrauch schon geschmeidig geworden.)

Wichtig

Je nachdem, wie fest Sie den Knoten am Schluss ziehen, können Sie ihn sehr „dreidimensional" gestalten – das untere Ende des Knotens ragt dann etwas aus dem Kragen hervor, was bewirkt, dass der Krawattenstoff elegant in einem Bogen auf dem Hemd liegt. Dies ist der optimale Sitz einer Krawatte, der sich aber nicht mit jedem Krawattenknoten und jedem Stoff realisieren lässt (→ 3. Der perfekte Sitz).

So geht's

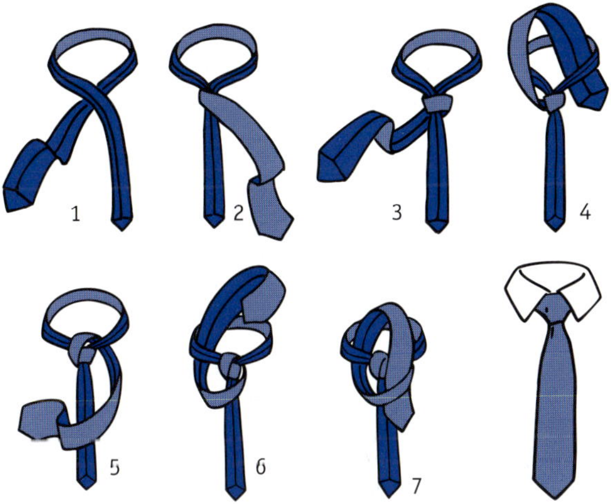

Auf einen Blick

- Inside-out-Knoten
- (leicht) asymmetrischer Knoten
- für breitere Kragen
- für leichtere Stoffe (aber mit nicht zu dünnem Futter für einen schönen Fall)
- für schmale Krawatten
- schöner Fall
- schön mit Styling (Grübchen oder Mittelfalte)
- selbstlösend
- für Büro und festliche Anlässe

18. Der Manhattan

Wer diesen Knoten taufte, ist nicht bekannt. Er ist nur in Deutschland unter diesem Namen (per Internet) verbreitet worden.

Er würde aber auch seinen Namenspaten aus New York gut stehen, die ja bekanntlich „unter der Woche" so gut wie immer im Anzug anzutreffen sind.
Krawattenknoten wie der Manhattan, mit breiterer, kompakter Form, sind besonders günstig für Männer mit rundlichen Gesichtszügen. Ein Tipp von Alan Flusser (→ 40. Bücher und Links, die weiterhelfen) ist, dass Streifendesigns hier zusätzlich kaschieren.

Tipp

Es ist schwierig, abgesehen von den üblichen Warnungen vor Motivkrawatten, generelle Stil-Empfehlungen für Hemd-Krawatten-Kombinationen auszusprechen. Die jeweiligen Moden wechseln sich ab – im Retro-Stil der 70er Jahre sind gewagtere Muster-Mixe möglich als im neuen Klassizismus. Mit der Zeit werden Sie sicherlich einen Mix finden, der Ihnen gut steht – unabhängig von der Hemden-Mode. Lassen Sie sich beim Kauf eines neuen Hemdes auch immer gleich in Krawattenfragen beraten (neue kaufen müssen Sie nicht jedes Mal). Ein guter Tipp sind auch die im Schaufenster oder Geschäft ausgestellten Hemd- und Krawattenkombinationen.

Wichtig

Der Manhattan vereint zwei grundverschiedene Knoten zu einer interessanten Mischung: Der Beginn der Knotenfolge folgt der des St. Andrew (→ 17.). Nachdem Sie das aktive Ende der Krawatte aber das zweite Mal herumgeführt haben, folgen die Schritte des Four-in-Hand. Den beherrschen Sie vermutlich sowieso – Sie müssen sich also nur den Anfang des Knotens einprägen.

So geht's

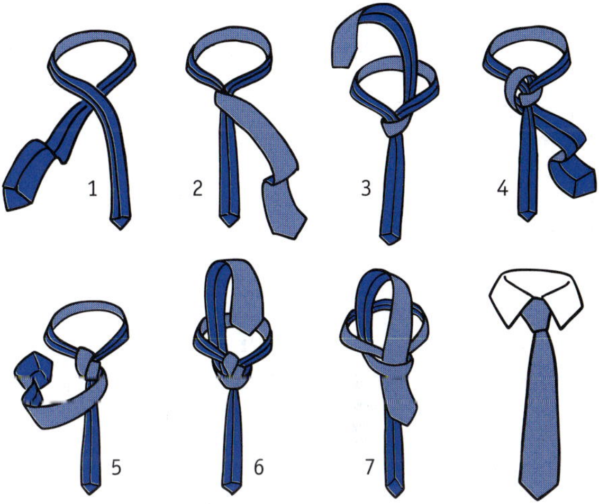

Auf einen Blick

- (leicht) asymmetrisch
- Inside-out-Knoten
- mit breiteren Krawatten oder voluminöseren Stoffen wird er schnell zu kompakt
- für normale bis breitere Kragen
- für schmale Krawatten
- für leichte oder geschmeidige Stoffe
- nicht selbstlösend

19. Der Plattsburgh

Der Plattsburgh ist der „große Bruder" des Pratt-Knotens mit einer Schlingung mehr, die ihn im Gegensatz zum St. Andrew symmetrisch werden lässt.

Kegelförmig

Das hervorstechende Merkmal des Plattsburgh, wenn der Knoten ganz festgezogen und „herausgearbeitet" wird, ist seine Kegelform. Er sollte oben ziemlich breit sein, aber unten in einer ganz schmalen Spitze zulaufen.

Tipp

Manche Knoten sind „krawattenschonend", andere hinterlassen ihre Spuren im Gewebe des Binders. Gute Seidenkrawatten halten eine Menge aus, trotzdem sollten Sie nach Möglichkeit

- häufiger den Knoten variieren (mit derselben Krawatte),
- der Krawatte den auch für Anzüge und teure Schuhe empfohlenen „Ruhetag" gönnen.

Wirken Ihre Lieblingsknoten nach einer Weile etwas „schlaff", empfehlen Fink und Mao (→ 40. Bücher, die weiterhelfen), es mit 7er-Knoten wie dem Plattsburgh zu versuchen. Natürlich darf die Krawatte noch nicht fadenscheinig sein – dann ist sie wirklich reif für die Altkleidersammlung.

Wichtig

Der „normale" Plattsburgh ist nicht komplett selbstlösend (→ 1. Eine kurze Einführung). Auf den Zeichnungen sehen Sie eine selbstlösende Variante, bei der ein Schritt im Vergleich zum Original verändert wurde: Statt die breite Seite der Krawatte beim vierten Schritt von hinten nach rechts zu führen, führen Sie sie nach links. Im nächsten Schritt führen Sie die Krawatte über den Mittelknoten (im Original von rechts nach links, in der Variante von links nach rechts) – die weiteren Schritte sind gleich.

So geht's

Auf einen Blick

- Inside-out
- symmetrisch
- kegelförmig (oben breit, unten schmal)
- breit geschnittene Kragen mit schmalem Ausschnitt
- für leichte bis mittelschwere Stoffe
- nicht selbstlösend/selbstlösend (je nach Variante)
- für Büro und festliche Anlässe

20. Der Cavendish

Durch seine lange Bewegungsfolge beim Binden wirkt der Cavendish zunächst sehr aufwändig. Wenn man ihn ausprobiert, merkt man aber schnell: Er ist eine Verkettung von zwei Four-in-Hands.

Physiker-Verschlingung

Vermutlich hat diesen Knoten nicht der englische Physiker Cavendish erfunden. Wahrscheinlich wollten eher die beiden Cambridge-Physiker Fink und Mao (→ 1. Eine kurze Einführung) Cavendish ein Denkmal setzen. Sie haben auch andere Knoten nach berühmten Physikern benannt.

Tipp

Für das Verhältnis zwischen Knoten und Gesicht gilt die Faustregel: Für Männer mit rundlichem Gesicht oder Hals sind schmale, lang gezogene Knoten wie zum Beispiel der Four-in-Hand oder der Kreuzknoten geeignet. Männer mit schmalem Gesicht und langem Hals fahren besser mit breiteren Knoten.

Wichtig

Der Cavendish gleicht einem Four-in-Hand, der mit einer voluminösen Krawatte gebunden wurde. Da er sich mit ihm die typische kompakte Dreiecksform und die leichte Asymmetrie teilt, ist er etwas für Fans dieses Knotens. Möchten Sie einen breiteren Kragen mit einem Four-in-Hand füllen, können Sie entweder auf eine sehr viel dickere Krawatte, auf Erweiterungen des Four-in-Hand zurückgreifen – oder auf den Cavendish. Er ist der einzige voluminösere Knoten, der auch gut zu normal weiten Kragen getragen werden kann.

So geht's

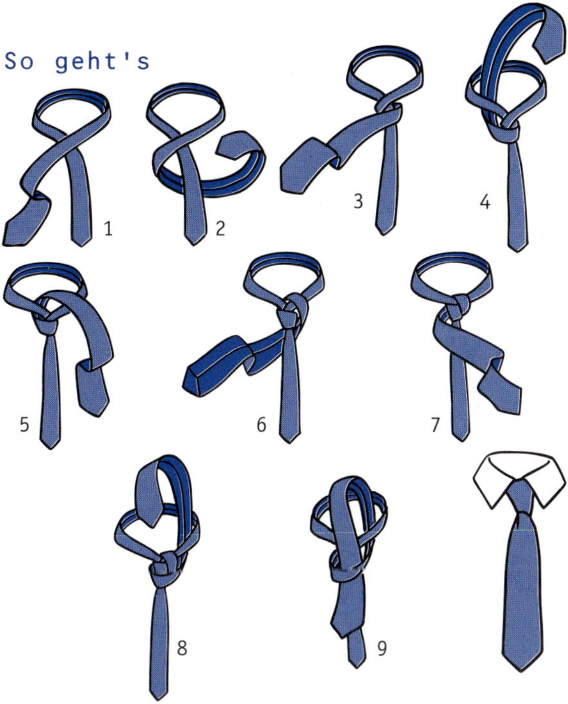

Auf einen Blick

- (leicht) asymmetrisch
- schlichter Knoten
- für normale bis etwas gespreizte Kragen
- für längere, schmalere Krawatten
- für leichte bis normal schwere Stoffe
- nicht selbstlösend
- für kleinere Männer geeignet
- für Büro und festliche Anlässe

21. Der Kreuzknoten

Ein eleganter Knoten, der auch unter dem Namen „Christensen" bekannt ist. Er besticht genauso wie der Prinz Albert durch das Kreuz-Motiv, das man beim Christensen in zwei Varianten ausführen kann.

Eleganz aus Schweden

Ein schwedisches Versandhaus zeigte 1917 einen ungewöhnlichen Knoten mit „Kreuz-Motiv". Der schwedische Krawattenhersteller Amanda Christensen legte später den Katalog wieder auf und prägte dabei seinen Namen. Ursprünglich gezeigt wurde er für Krawatten mit zwei gleich schmalen Enden („gleichschenklig"). Das Kreuz-Motiv ist bei diesen Krawatten auch wirklich als Kreuz zu erkennen. Man kann ihn mit „modernen" Krawatten ebenfalls gut binden – die Krawatten dürfen aber nicht breit oder aus schwerem Material sein. Ein Kreuz werden Sie bei der Verwendung moderner Krawatten vergeblich suchen: Zusätzlich zum eigentlichen Knoten ist bei ihnen nur ein schmaler Ring im Stoff zu sehen.
Richtig ausgeführt bekommt der Knoten durch den „Extra-Ring" eine sehr schöne längliche Form.

Wichtig

Genau dieselbe Knotentechnik kann man auch anwenden und das breite Ende durch den vorderen Ring ziehen – dann entsteht aber kein Kreuz-Motiv. Wie beim Prinz Albert (→ 15.) wird das breite Ende durch die hintere Schlinge gezogen, was die vordere Schlinge als Ring entweder oben oder unten sichtbar lässt. Letzter Schritt: Während Sie das schmale Ende festhalten, ziehen Sie den Knoten in Richtung Hemdkragen zu. Bevor Sie den Knoten ganz schließen, die Kreuzform zurechtzupfen. Probieren Sie aus, ob sie Ihnen besser oben oder unten sichtbar gefällt.

So geht's

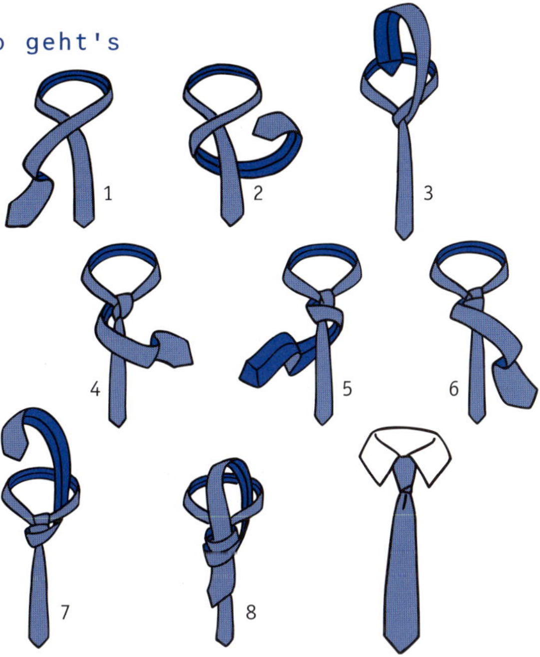

Auf einen Blick

- für breite Kragen
- nur für schmale Krawatten
- symmetrisch
- außergewöhnlicher Knoten
- für leichte Stoffe
- traditionell: für gleichschenklige Krawatten
- nicht selbstlösend
- bürotauglich, aber vor allem für besondere Anlässe
- kaschierend für Männer mit breiterem Hals

22. Der Diagonale

Meist wird mit dem „Diagonalen Knoten" eine Variante des Kelvin bezeichnet (→ 11. Der Kelvin), die ähnlich zum Kreuzknoten gebunden wird. Es existiert aber noch ein weiterer Knoten unter diesem Namen, der einer ganz anderen Knotenfolge folgt und auch fertig gebunden anders aussieht.

Der Knoten für gelenkige Finger

Diesen Knoten soll Davide Mosconi (→ 40. Bücher, die weiterhelfen) erfunden haben. Ob er damit seine Mitmenschen beim Binden in den Wahnsinn treiben wollte? Der Diagonale ist ganz eindeutig ein weiterer Knoten für Fingerfertige – und zwar für solche, die den Kent und den Kreuzknoten schon locker bewerkstelligen! Haben Sie ihn gemeistert, haben Sie einen weiteren Knoten in Ihrem Repertoire, der gut zur Abendgarderobe passt.

Der richtige Krawattenstoff

Mosconi empfiehlt für den Diagonalen einen hellen Krawattenstoff aus Kaschmir-Seide-Mischgewebe. Auch glänzende dunklere Stoffe machen sich gut, nur kommt dann das Licht-Schatten-Spiel nicht so schön zur Geltung. Glatte Materialien erfordern jedoch beim Binden mehr Fingerfertigkeit! Gemusterte Stoffe sollten Sie vermeiden, da diese von der schönen Form des Knotens ablenken würden. Am besten verwendet man für den Diagonalen unifarbene Krawatten oder solche mit schlichtem Muster (zum Beispiel Ton in Ton).

Zum Üben sollten Sie am besten noch keine Kaschmirkrawatte verwenden, damit sie nicht völlig ausleiert! Aber es sollte ein griffiger Stoff sein, da Sie ihn besser kontrollieren können.

Wichtig

- Halten Sie ab Schritt 4 mit den Fingern eine Schlaufe für das schmale Ende offen, mit dem Sie den Knoten zuziehen.
- Durch diese Schlaufe ziehen Sie in Schritt 5 das schmale Ende der Krawatte. Führen Sie es mit einer Drehung in Schritt 6 hinter das breite Ende.
- Arbeiten Sie die Schlingen, die den Knoten bilden, nach.

So geht's

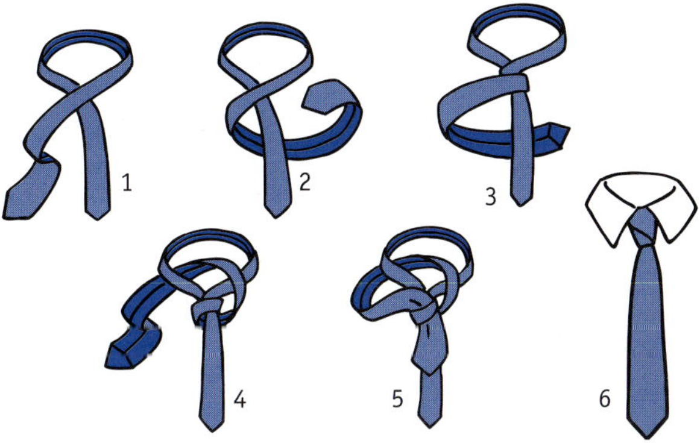

Auf einen Blick

- zu schlichten, eleganten Hemden
- mit unifarbenen Krawatten oder dezenten Ton-in-Ton-Mustern
- für schmale bis normal breite Krawatten
- asymmetrisch
- außergewöhnlicher Knoten
- für Mischgewebe
- für besondere Anlässe
- nicht selbstlösend

23. Der Doppelte Windsor

Dieser Knoten ist keineswegs eine Erweiterung des einfachen Windsor, denn er wird ganz anders gebunden. Greifen Sie wirklich nur bei einem Hemd mit extrem weit gespreiztem Kragen zu diesem Knoten!

Die Windsor-Euphorie in Europa und den USA

Der Herzog von Windsor, nach dem der Knoten benannt wurde, hat ihn nicht erfunden. Um aber gerade dem Herzog von Windsor in modischen Fragen nachzueifern, gab es eine Zeit, in der jeder diesen Knoten trug.
Trägt man diesen voluminösen Knoten zu normalen Hemdkragen, hebt er die Kragenspitzen ab, was sehr unvorteilhaft aussieht. Er gilt zudem als etwas spießig.

Wichtig

Wie unter 3. Der perfekte Sitz beschrieben, können Sie den Windsor statt mit Zierfalten auch mit einem „Grübchen" verschönern. Im Grunde genommen ist das „Grübchen" auch eine Zierfalte, und zwar eine kurze, ellipsenförmige Falte, die mittig direkt unterhalb des Knotens sitzt. Für das Grübchen drücken Sie, wenn der Knotenvorgang fast abgeschlossen ist, mit dem Zeigefinger eine Delle in Form Ihrer Fingerkuppe in den Krawattenstoff direkt unterhalb des Knotens. Halten Sie währenddessen mit der anderen Hand den Knoten. Während Sie die Delle weiter hineindrücken, schließen Sie mit der anderen Hand den Knoten. Es bildet sich eine mittlere Zierfalte, die Sie bis auf das oberste Stückchen wieder aus dem Stoff herausdrücken. Da die Falte sehr kurz ist, hält dieses Grübchen nicht so lange wie die seitlichen Zierfalten.

So geht's

Auf einen Blick

- symmetrisch
- für weit gespreizte Kragen
- für schmale Krawatten
- für leichte oder geschmeidige Stoffe
- selbstlösend
- kaschiert mit breiten Krawatten einen langen Hals
- harmonisch zu einem kantigen Kinn

24. Der Grantchester

Selbst mit einer leichten und schmalen Krawatte wird dieser Knoten noch voluminös und ist daher sehr vom jeweiligen Geschmack abhängig. (Die anderen 9er-Knoten übertreffen ihn allerdings noch an Größe ...)

Kein Understatement ...

Vielleicht haben die Knotensammler Fink und Mao den Grantchester nach einem verträumten Örtchen in der Nähe ihrer Alma Mater Cambridge benannt. Britisches Understatement kann man diesem Knoten aber durch seine Größe nicht gerade nachsagen! Wenn Sie die entsprechenden Hemdkragen dazu wählen, können die Knoten mit sieben bis neun Windungen aber für eher kleinere Männer sehr gut geeignet sein. Sie verbrauchen so viel Stoff, dass selbst lange Krawatten am Ende mit Mühe Gürtelhöhe erreichen. Sie haben als kleinerer Mann (genauso als kleinere Frau) dann nicht mehr mit dem schmalen Ende der Krawatte zu kämpfen, das bei Knoten mit weniger Windungen meist noch weit unter dem breiten Ende hinausragt und unschön ins Hemd gestopft werden muss.
Selbst wenn Sie sehr leichte Krawattenstoffe und dünne Krawatten nehmen, werden die 9-schrittigen Knoten aber immer noch sehr breit. Das gefällt natürlich nicht jedem – und es muss auch zu Ihrem Typ passen. Nicht zu jeder Gesichtsform passt ein so großer Knoten!

Wichtig

Wie immer bei den Knoten mit vielen Knotenschritten sollten Sie mit der Krawatte möglichst nah am schmalen Ende beginnen, sonst gerät Ihnen der Knoten noch dicker, als ohnehin schon durch die vielen Windungen bedingt. Die fertig gebundene Krawatte wird dann auch zu kurz (→ 26. Der Balthus).

So geht's

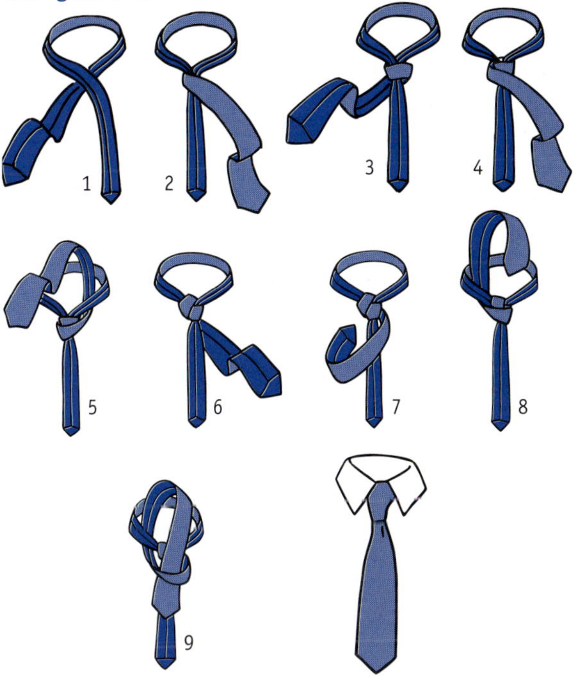

Auf einen Blick

- Inside-out-Knoten
- asymmetrischer Knoten
- großer, voluminöser Knoten
- für leichte Stoffe
- für kleinere Männer
- selbstlösend

25. Der Hanover

Der Hanover ist ein Knoten, der in acht Schritten gebunden wird. Er ist trotzdem einfach zu binden, da er eng verwandt mit dem Oriental ist – Sie führen nur das breite Ende der Krawatte sehr viel häufiger um das schmale Ende herum.

Symmetrie mit Vehemenz

Das Ergebnis des Hanover sollte, laut seiner Erfinder Fink und Mao (→ 40. Bücher, die weiterhelfen), ein „symmetrischer, dreieckiger Knoten" sein. Alle Symmetrie und Eleganz kann aber nicht darüber hinwegtäuschen, dass dieser Knoten durch die acht Windungen selbst mit einer Krawatte aus leichtem Stoff schnell ziemlich monströs gerät.

Tipp

Auch wenn es schwer ist, Kopfformen und Gesichtstypen zu verallgemeinern, so betonen doch bestimmte Krawattenknoten ein rundliches oder schmales Gesicht, während andere optisch kaschieren. Aber Vorsicht: Ein winziger Oriental in einer dünnen Seidenkrawatte wird ein rundliches Gesicht nicht kaschieren, sondern eher noch die Aufmerksamkeit auf den Kontrast zwischen Knoten und Gesicht lenken!

Wichtig

Wie beim Balthus (→ 26.) und Grantchester (→ 24.) auch sollten Sie das schmale Ende der Krawatte sehr kurz lassen, damit die fertige Krawatte die richtige Länge erhält. Wie die anderen beiden Knoten bietet der Hanover jedoch kleineren Männern einen eleganten Ersatz für den Windsor-Knoten.

So geht's

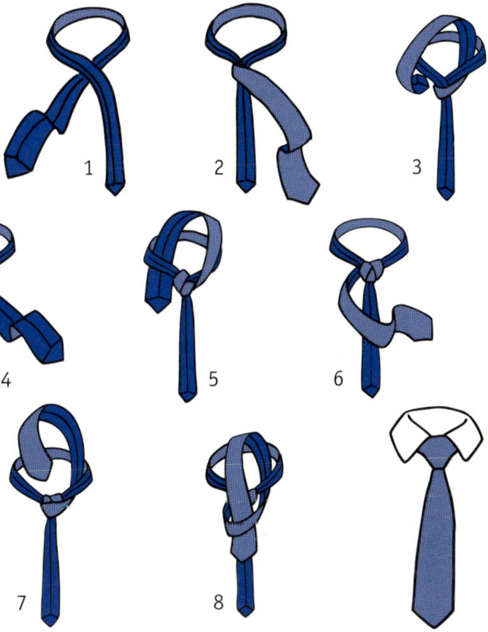

Auf einen Blick

- Inside-out-Knoten
- symmetrisch
- für leichte Stoffe
- voluminöser Knoten
- dreieckig, elegant
- gerät leicht zu groß
- Windsor-Ersatz für kleinere Männer
- nicht selbstlösend

26. Der Balthus

Dieser Knoten ist noch relativ jung und nicht sehr bekannt. Es lohnt sich, den Balthus auszuprobieren: Mit ihm können kleinere Männer gut ihre Krawatten auf die richtige Länge „einkürzen". Mit einer geschmeidigen und dünnen Krawatte gebunden macht er, allen Unkenrufen zum Trotz, eine gute Figur.

1933 – ein Protestakt

Der Schweizer Künstler Balthus erfand diesen breiten Knoten in den 1930er Jahren, um zu provozieren. Da er sich mit ihm ablichten ließ, wurde der Knoten so bekannt. Den Balthus könnte man als eine Variante des Plattsburgh sehen – die breite Kegelform haben beide gemeinsam.
Bindet man den Balthus aus dicken oder normal breiten Krawatten, ergibt er einen der dicksten Knoten überhaupt – und wird untragbar. Er wird auch leicht zu kurz. So wie Balthus ihn trug, wirkt er sehr abschreckend: Stummelförmig hängt das breite Ende der Krawatte oben vor der Brust, das schmale Ende hängt lang unten ins Freie.
Mit einer dünnen, leichten Krawatte aus glattem Stoff können Sie aber einen schönen Knoten binden. Dank der vielen Windungen wird die Krawatte in jedem Fall sehr kurz (siehe auch 24. Grantchester und 25. Hanover), was kleinere Männer geschickt nutzen können, um mit ihm Krawatten auf die richtige Länge zu bringen (→ 3. Der perfekte Sitz).

Wichtig

Nur mit einer dünnen Krawatte aus sehr leichtem Stoff, die sehr weit in Richtung des schmalen Endes gebunden wird, ergibt der Balthus einen schönen Knoten mit einer normalen Krawattenlänge.

So geht's

Auf einen Blick

- Inside-out-Knoten
- für große Kragen und schmale Krawatten
- symmetrisch
- voluminöser Knoten
- wird schnell zum „Scherzknoten“
- für leichte Stoffe
- selbstlösend
- besonders für kleinere Männer geeignet

27. Der Quergeteilte

Er begegnet Ihnen in unterschiedlichen Formen und mit vielen Namen: Atlantik, Diagonaler, Diagonal-Rechts-Knoten. Im Gegensatz zu allen anderen Knoten wird hier die Verknotung mit dem schmalen Ende der Krawatte vollzogen!

Eine schrullige Variante

Wenn Anthropologen oder Aliens in ferner Zukunft die Technik des Krawattenbindens zu ergründen versuchen, wird das Produkt ihrer Bemühungen vielleicht so aussehen wie der Quergeteilte …

Er wird mit dem schmalen Ende der Krawatte gebunden und sieht daher im fertigen Zustand seltsam aus. Da Ihnen jedoch auf jeder deutschen Website, die sich Krawattenknoten widmet, dieser Knoten begegnet, meist mit liebevoll-schrulligen Fantasienamen, soll er trotz seines seltsamen Aussehens auch in diesem Buch erwähnt werden.

Es gibt generell zwei Varianten des Quergeteilten: Die eine ähnelt dem „echten" Diagonalen, da der Knoten in der Mitte durch eine Querlinie geteilt wird. Die andere, besser aussehende Variante besticht durch zwei kleine „Ringe" um die beiden Seitenschenkel der gebundenen Krawatte. Diese Variante des Knotens finden Sie hier.

Der Quergeteilte sollte sicherlich nicht zu offiziellen Anlässen oder im Büro getragen werden. Aber als witziger Akzent zum Freizeitlook oder zum Beispiel als verspieltes Accessoire, von einer Frau getragen, kann er durchaus einen Versuch wert sein.

Wichtig

Um das schmale Ende nach dem Knoten hinter der Krawatte verschwinden zu lassen, erfordert es einige Fingerfertigkeit.

Das größte Problem beim Quergeteilten wird für Sie aber die Wahl des Ansatzes des Knotens darstellen: Zu nah am schmalen Ende geht Ihnen der Stoff mitten im Knoten aus. Zu nah am breiten Ende wird der Knoten zu dick und zudem hängt meist das schmale Ende auch noch unter dem fertigen Knoten heraus.

So geht's

Auf einen Blick

- halbwegs symmetrischer Knoten
- für unifarbene Stoffe
- außergewöhnlicher Knoten
- für dünne bis normal dicke Krawatten
- nur ein „Scherzknoten"
- nicht selbstlösend
- nicht für das Büro oder einen festlichen Auftritt geeignet

28. Festliche Garderobe

Hier finden Sie alles rund um Quer- und Langbinder zu festlichen Anlässen, aber auch Knoten für Halstücher und Wollschals und zwei Knotenvarianten für gleichschenklige Krawatten, mit denen Sie sich etwas auffälliger in Szene setzen können.

Ein Anlass, der festliche Kleidung erfordert, kann Sie schnell ereilen: Taufen, Hochzeiten, große Familienfeiern ... Hier bietet sich Ihnen die Möglichkeit, durch den gewählten Stoff und Knoten elegant Individualität auszustrahlen.

Was zu welchem Anlass?

Auf förmlichen Einladungen finden Sie Vermerke zur gewünschten Kleidung:

- Black Tie = Ein Anlass, der einen Smoking (meist mit schwarzem Jackett, seltener mit weißem) und die dazugehörigen Accessoires erfordert (schwarze Schleife!). Den Smoking trägt man am Abend. Die schwarze Smokingjacke ist überall einsetzbar, das weiße Smoking-Jackett (in Deutschland „Dinnerjacket" genannt) können Sie zu Abendveranstaltungen im Freien tragen.
- White Tie = Ein Anlass, der einen Frack und die dazugehörigen Accessoires (weiße Schleife) erfordert.

Zum Smoking oder Frack gehören spezielle Accessoires – im „Handbuch der klassischen Herrenmode" (→ 40. Bücher, die weiterhelfen) oder in Katalogen von Herrenausstattern können Sie sich ausführlich über Smoking, Cut und Frack mit den dazugehörigen Accessoires informieren. Diese klassische Kleidung steht den meisten Männern sehr gut und streckt auch optisch.

Einen Frack werden Sie wahrscheinlich nicht im Schrank haben und auch höchst selten benötigen. Damit entfällt der Einsatzort einer *weißen Schleife*. Eine *schwarze Schleife* können Sie hingegen gut gebrauchen, denn ein Smoking (engl. *tuxedo*) kann Sie auch beim Konzertbesuch, einem festlichen Empfang oder in gehobenen Restaurants gut in Szene setzen.

- Der „Abendanzug" wird inzwischen häufig als korrekte Abendkleidung akzeptiert. Wird er gewünscht, heißt das: Ein Anzug in Anthrazit oder Schwarz, dazu ein unifarbenes, helles Hemd mit Cutaway-Kragen, Manschettenknöpfen und eine elegante Krawatte mit schönem Knoten (zum Beispiel Kreuzknoten, Diagonaler).
- Cut, auch „Morning Coat" genannt: Dies ist der festliche Anzug für Hochzeiten (und andere Anlässe, die tagsüber stattfinden), normalerweise ist er schwarz oder grau. Bei Hochzeiten trägt meist der Bräutigam den grauen Cut, also bleibt für Sie nur ein schwarzer. (Zum Trost: Ihre Begleiterin darf auf Hochzeiten auch nicht in der Farbe des Brautkleides erscheinen.) Mit der Farbe der Weste (hellgrau, beige) und dem Halsschmuck (Plastron (→ 30.), silbergraue oder farbige Krawatte) können Sie beim Cut schöne Akzente setzen. Bei Beerdigungen sollten Sie aber im schwarzen Farbschema (Weste grau) bleiben.

Schleife oder Fliege?

Das Geheimnis dieser Unterscheidung ist sehr banal: Ist die Schleife selbst gebunden, heißt sie auch so. Ist sie fertig gekauft, schwarz oder weiß und vernäht, ist es eine Fliege. Wenn Sie eine Fliege auftrennen, erhalten Sie mehrere Stoff-Einzelteile – lösen Sie eine Schleife (die beim Kauf meist fertig gebunden ist), halten Sie ein durchgängiges Stoffstück in der Hand, das wie eine sehr lang gestreckte Acht aussieht.

29. Einfacher und eleganter Schleifenknoten

Ob als modischer Akzent, als Krawatten-Alternative oder schlicht zur Abendgarderobe: Auch bei den Schleifen gibt es unterschiedliche Muster, Stoffqualitäten und Größen, die Sie Ihrem Typ und dem Anlass anpassen sollten.

Verbreitet sind zwei „Grundbauarten": mit taillierten Endstücken oder mit kolbenförmigen Enden. Beide können Sie zu einfachen Schleifen binden; für die „elegante Schleife" sollten es Enden mit vorgeformter Taille sein, damit die Taille der gebundenen Schleife möglichst schmal wird. Die Schleife hat zudem zwei verschiedene Breiten: „thistle" (Distel) mit 5,5 bis 7 cm und „bat's wing" (Fledermausflügel) mit 4 bis 5 cm. Um modisch und nicht wie ein Clown zu wirken: Die Schleife sollte nicht breiter als Ihre Augenwinkel und die äußeren Kanten des Hemdkragens sein.
Keine Scheu vor dem Probieren im Geschäft: Auch Schleifen zum Selbstbinden sind meist schon gebunden oder man wird sie für Sie binden, wenn Sie damit noch keine Erfahrung haben.

Muster und Farben

Die „Tagesfliege" sollte aus bedruckter weicher Seide sein. Bunte Dessins sind am Tag kein Problem, der Stoff sollte nur nicht zu fest aussehen. Verzichten Sie möglichst auf auffällige Prints. Sie erhalten Fliegen aus bedruckter Seide oft mit kleinen Punkten oder Streublümchen auf einer kräftigen Grundfarbe.

Die schwarze beziehungsweise weiße Fliege zum Smoking oder Frack ist meist aus Baumwollpikee. Es gibt sie auch mit eingewobenen Mustern.

Schleifen in Kombination:

- Der offensichtlichste Einsatzort einer Schleife ist zum Smokinghemd mit Kläppchenkragen (→ 4. Kragenformen).
- Den Turndown Collar (Umlegekragen) können Sie auch mit einer Schleife kombinieren, am besten mit der *einfachen Bindetechnik*, da die *klassische Schleife* sich besser in Kombination mit einem Kläppchenkragen macht.
- Bunte Schleifen sollten Sie möglichst nicht zum Smoking tragen, sie heißen nicht umsonst auch „Tagesfliegen".
- Schleifen tagsüber im Einsatz: Ob eine Schleife gut an Ihnen aussieht, hängt von der aktuellen Mode und Ihrem Typ ab, ebenso von der Kleidung, zu der Sie die Schleife tragen (sie passt zu einreihigen und zweireihigen Anzügen, aber nicht zu allen Hemdkragen).

Wichtig

Damit das Binden einer Schleife klappt, hier ein Tipp:
Legen Sie Ihr rechtes (oder linkes als Linkshänder) Bein hoch. Die Schleife hat einen kleinen Metallhaken, mit dem Sie die Länge regulieren können. Stellen Sie sie weiter – und binden Sie sie zunächst um Ihr Bein! (Sie können die Bewegungen jetzt genau verfolgen.) Binden Sie die Schleife jetzt so, wie Sie Ihre Schnürsenkel binden würden. Achten Sie nur darauf, im letzten Schritt nicht die doppelten Enden herauszuziehen. Zugegeben, das Ergebnis sieht noch nicht sehr perfekt aus. Aber zum einen darf eine selbst gebundene Schleife ruhig ein bisschen schief sein und außerdem müssen Sie als letzten Schritt immer die Schleife festziehen und justieren, bis die Flügel nicht mehr traurig hinabhängen.
Um die Schleife zu justieren, fassen Sie abwechselnd die beiden doppelten und die einfachen Enden und ziehen in gegensätzlichen Richtungen vorsichtig daran.

Meist funktioniert diese Bindetechnik schon beim ersten Anlauf. Sie können jetzt die Schleife enger machen und tragen – oder dasselbe am Hals (mit Hemd) probieren.

Einfache Schleife

Beginnen Sie zunächst mit dem einfachen oder traditionellen Schleifenknoten, wenn Sie bisher noch keine oder eine vorgefertigte Schleife (Fliege) getragen haben. Bei beiden Schleifen gilt: Es ist extrem wichtig, den Stoff der Schleife während des Bindevorgangs nicht zu verdrehen, da sonst nie eine schöne Taille und glatte „Flügel" entstehen.

Elegante oder klassische Schleife

Mit der Knotentechnik zur klassischen Schleife erhält die Schleife eine dünnere Taille, was sie zu einem eleganten Accessoire für die Abendkleidung macht. Sie passt sehr gut zum Smoking oder Frack. Ob Sie sich zum Smoking an einer selbst gebundenen schwarzen Schleife versuchen wollen oder sich eine fertig gebundene Fliege kaufen möchten, ist inzwischen eine Frage des Könnens und des Geschmacks.

So geht's – Einfache Schleife

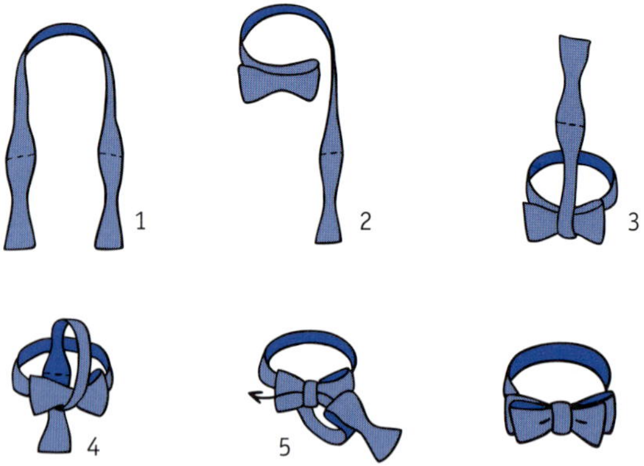

So geht's – Elegante Schleife

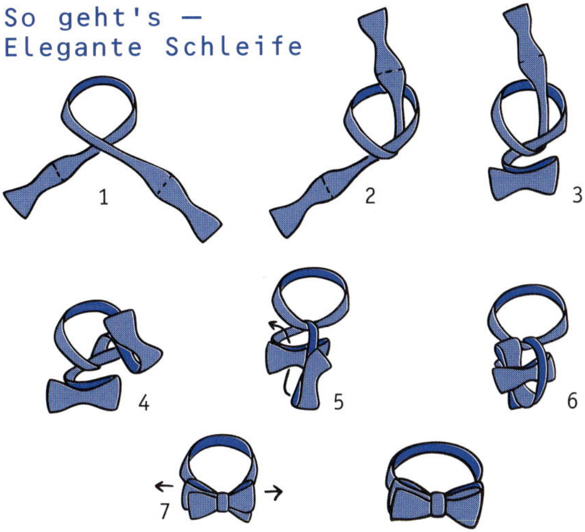

Tipp

Auch wenn Sie froh sind, endlich einen schönen Schleifenknoten vollbracht zu haben, ist es am besten, die Schleife nach dem Tragen zu entknoten und zusammen mit den Krawatten so aufzubewahren, dass sie nicht in der „Ruhephase" geknittert wird. Bringen Sie, vielleicht in Hektik, bei der nächsten Gelegenheit keinen Knoten zustande, kann die Last-Minute-Rettung der Weg zum Herrenausstatter sein oder zu speziellen Ladenketten, die nur Krawatten und Schleifen verkaufen. Dort bindet man sie Ihnen gratis oder gegen einen kleinen Aufpreis. Da die Schleife im Nacken einen praktischen Verschlussmechanismus hat, können Sie sie dann so mit nach Hause nehmen und abends anlegen.

30. Der Plastron

Der Plastron ist der Urahn der Krawatte. Er wird manchmal auch Ascot genannt, da Ascot (das berühmte Pferderennen) die angestammte Domäne des Cut ist, zu dem ein Plastron nach wie vor getragen wird. Reiter kennen ihn in einer rein weißen Variante.

Als Faustregel sagt man, dass der Cut zu Anlässen getragen wird, die vor drei Uhr nachmittags beginnen. Er sollte bis maximal sechs Uhr abends getragen werden – danach bricht die Zeit des Smokings an.
Damit ist der Cut das ideale Hochzeitsgewand für den Mann. Vielleicht haben Sie den britischen Film „Vier Hochzeiten und ein Todesfall“ gesehen? Hier wurde wunderschön gezeigt, wie selbst die schlaksigsten Gesellen mit der richtigen Kleidung zu ansehnlichen Gentlemen mutieren können. Immer dabei: Cut und Plastron.
Eine ältere Form wird in Großbritannien immer noch bei der Fuchsjagd getragen. Ansonsten ist der Plastron inzwischen vorgefertigt mit einem schmalen, vernähten Nackenteil. Meist gibt es ihn in silbergrauen Farben (passend zu schwarzem oder grauem Cut). Es gibt verschiedene Möglichkeiten, einen Plastron zu binden. Heutzutage bekannt und am gebräuchlichsten ist die rechts abgebildete Sequenz.

Tipp

- Zum Cut können Sie inzwischen genauso gut auch eine Krawatte tragen (→ 28. Festliche Garderobe).
- Der Plastronknoten kann auch für Halstücher (Schals und große Vierecktücher) verwendet werden.

Wichtig

- Am Schluss werden die beiden Stoffbahnen über der Brust flach übereinander gelegt.
- Je nach persönlichen Vorlieben und Grad Ihrer Aktivität (zum Beispiel tanzen auf einer Hochzeit) können Sie die beiden Plastronenden mit einer Nadel aneinander und am Hemd befestigen. Hierfür gibt es spezielle Plastronnadeln, die meist mit einer Perle besetzt sind. In Antiquitätenläden erhalten Sie auch andere Formen.
- Der eingezeichnete Punkt im letzten Bild zeigt, an welcher Stelle Sie eine Nadel ansetzen können.

So geht's

Auf einen Blick

- Knoten für Plastrons, Halstücher, Krawattenschals
- zum Cut (bestimmte Farben vorgegeben)
- für festliche Anlässe, tagsüber (Plastron)
- für festliche Anlässe, abends (Krawattenschal)
- eventuell mit Plastron- oder Krawattennadel befestigen

31. Der Ascot-Knoten

Den Ascot-Knoten können Sie für Halstücher und für Krawattenschals verwenden. Auf dem Golfplatz begegnet man diesem Knoten angeblich besonders häufig. Da er sehr gut hält, eignet er sich eben neben dem legeren Look fürs Wochenende auch für sportliche Aktivitäten.

Tücher mit diesem Knoten passen gut zu einem Pullover mit V-Ausschnitt oder auch zum Hemd.

Tipp

Wie beim falschen Krawattenknoten (→ 34.) beschrieben, können Sie übrigens Tücher mit verschiedenen Knoten „männlich" binden, unter anderem durchaus auch mit einem Plastronknoten (→ 30.).

Krawattenschal

Wenn Sie statt einer Krawatte zu einem festlichen Anlass einen Krawattenschal tragen möchten, können Sie ihn auch mit diesem Knoten binden. Schon der Name zeigt es: Denn angeblich heißt der Ascot-Tuchknoten nach seinem großen „Vorbild", dem Ascot (oder auch Plastron), der beim Pferderennen in Ascot zum Cut getragen wurde.

Wichtig

- Verwenden Sie für den feineren Look einen Krawattenschal, ist dessen Nackenpartie vorgeformt. Ein Tuch müssen Sie erst der Länge nach zu einem schmalen Band (etwa 10 cm breit) falten oder einrollen, bis Sie, wie beim Krawattenschal, eine schmale Nackenpartie erhalten.

- Für den ersten Schritt sollte ein Ende des Tuches etwas länger (ungefähr 6 cm) als das andere herunterhängen. Je nachdem, ob Sie Links- oder Rechtshänder sind, das rechte oder das linke Ende.
- Von Schritt 2 zu Schritt 3 führen Sie das längere Ende des Tuches einmal um das andere und ziehen es dann von unten durch die Halsschlinge nach oben.
- Ähnlich wie beim Onassis (→ 12.) legen Sie das aktive Ende dann über die Halsschlinge nach unten, über das kürzere Ende. Beide Enden sollten nun gleich lang sein und übereinander liegen.

So geht's

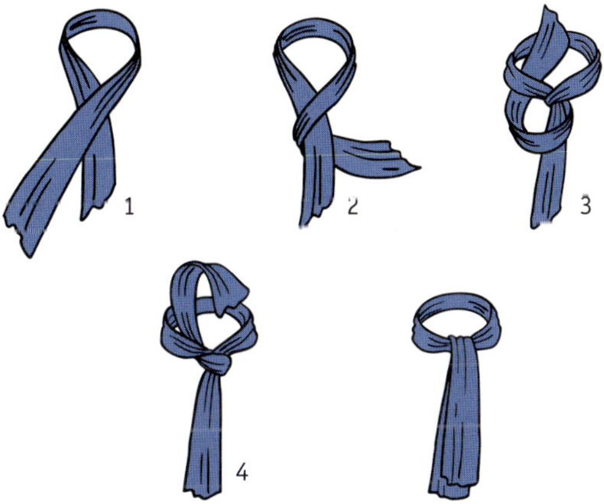

Auf einen Blick

- für Tücher (ca. 90 x 90)
- für Krawattenschals
- für die Abendgarderobe (Krawattenschal)
- für den sportlichen Look (Tuch)

32. Der Villarosa

Der Villarosa ist eine recht eigenwillige und jüngere Erfindung in der Geschichte der Krawatte. Er wird mit einer gleichschenkligen Krawatte gebunden.

Ein Kind des Zufalls

Die ersten „Sammler" von Krawattenknoten, Villarosa und Mosconi (→ 40. Bücher, die weiterhelfen), haben den Villarosa erfunden, als sie versuchten, den Vismara (→ 33.) nachzuknoten, den sie in einem Katalog entdeckt hatten.
Auch wenn der Villarosa ein Fehlversuch war, haben ihn seine Schöpfer Villarosa und Mosconi in ihrem Buch „Fliegen und Krawatten" verewigt. Er erinnerte sie an die Ascot-Krawatten.

Zu festlichen Anlässen?

Wenn Sie sehr mutig sind, können Sie sich mit dem Villarosa vor die Tür wagen. Mehrere Faktoren sprechen dafür, dass er – wenn überhaupt – am ehesten noch zu einem festlichen Rahmen passt:

- Er wird mit einer gleichschenkligen Krawatte gebunden.
- Er erinnert an einen Plastron.
- Er sieht nur zu Steh- oder Kläppchenkragen oder weit gespreizten Kragen gut aus.

Wichtig

Zu konservativ sollte das Umfeld allerdings nicht sein, in dem Sie den Villarosa tragen, da die zwei Knoten links und rechts unterhalb der Kragenspitzen doch recht ungewöhnlich aussehen.
Da der Knoten schon sehr auffällig ist, sollte es die Krawatte auf keinen Fall sein! Wählen Sie eine edle Farbe mit einem sehr dezenten Ton-in-Ton-Muster oder uni.

So geht's

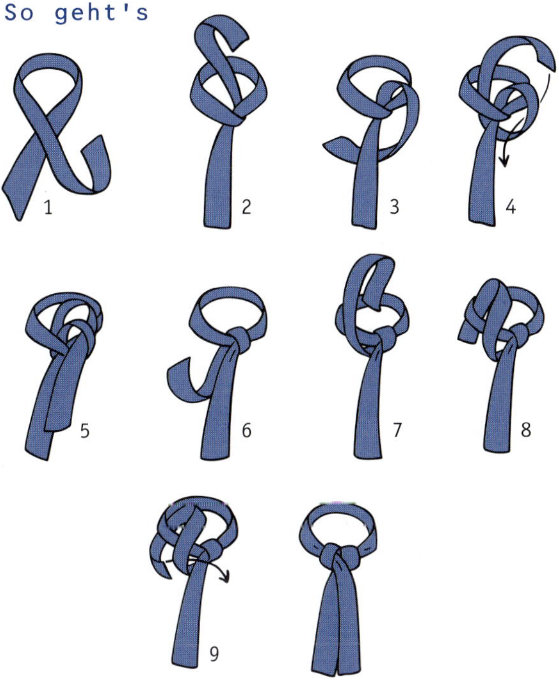

Auf einen Blick

- ein Krawattenknoten bestehend aus zwei Einzelknoten
- für gleichschenklige Krawatten
- für unifarbene Stoffe
- für glatte, dünne bis normal dicke Krawatten
- nur ein „Scherzknoten"
- nicht zum Büro-Anzug

33. Der Vismara

Der Vismara stammt aus dem Katalog einer gleichnamigen Firma aus den 1950er Jahren, wo er von Riccardo Villarosa und Davide Mosconi (→ 40. Bücher, die weiterhelfen) entdeckt wurde. Im Versuch, den Knoten aus dem Katalog nachzuempfinden, gerieten sie in ein paar Sackgassen. Einer der Fehlversuche ist der Villarosa (→ 32.), dem man die Ähnlichkeit zum Vismara aber nicht auf den ersten Blick ansieht.

Wenn Sie auffallen möchten ...

Krawattenliebhaber streiten sich bis heute, ob der Vismara nun als eigenständiger Knoten zu sehen ist oder als Pratt (→ 13.), der mit der Innenseite nach außen geknotet wird. Es gilt dasselbe Merkmal wie beim Villarosa: Dieser Knoten ist sehr ungewöhnlich. Sie werden damit auffallen! Im Büro sollten Sie damit nicht erscheinen, es sei denn, Sie arbeiten in einer sehr unkonventionellen Branche. Mit einer gleichschenkligen unifarbenen Krawatte aus weichem Stoff korrekt ausgeführt, hat dieser Knoten aber ein gewisses Etwas. Ein Anschauungsmodell bietet der Film „Daredevil", in dem Kingpin, der Gegenspieler des Helden, in einer Szene einen Vismara trägt.
Der Vismara füllt auch etwas breitere Kragen (je nach Krawattenstoff vergleichbar mit dem einfachen Windsor). Und da die zwei gleich breiten Bahnen der Krawatte nebeneinander aus dem Knoten ragen, lassen sie sich schön auf der Hemdbrust drapieren. Der Vorteil: Dadurch, dass der Knoten normal groß ist, die Bahnen aber unterschiedlich schmal oder breit auf der Brust „verteilt" werden können, sieht der Vismara auch harmonisch aus bei Männern mit einem kantigeren Kinn. Er lenkt auch sehr gut von einem etwas fülligeren Hals ab.

Wichtig

Eventuell müssen Sie die Stoffbahnen der Krawatte mit einer Nadel fixieren, damit sie nicht verrutschen. Dies hängt vom Zusammenspiel zwischen Krawatten- und Hemdenstoff ab. Sind beide glatt, benötigen Sie vermutlich eine Nadel.

So geht's

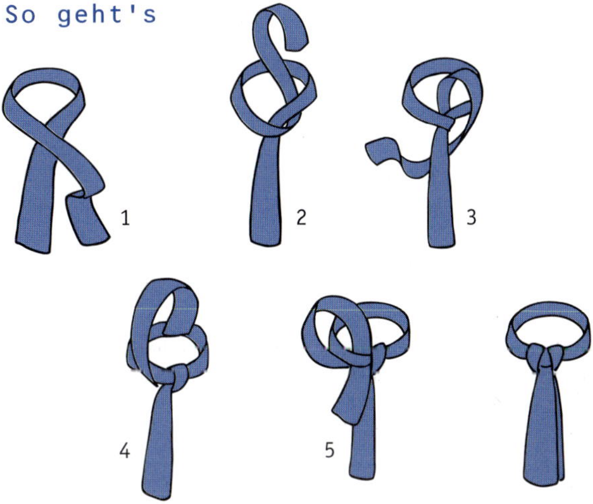

Auf einen Blick

- ein Krawattenknoten mit der Rückseite nach vorne
- für gleichschenklige oder (noch exotischer) normale Krawatten
- für unifarbene Stoffe
- für glänzende, weiche, etwas fülligere Stoffe
- ein „Scherzknoten"
- nicht zum Büro-Anzug
- eventuell mit Krawattennadel

34. „Falscher" Krawattenknoten

Der „falsche" Krawattenknoten ist ein auch bei der Damenwelt sehr beliebter Knoten für Halstücher. Männer können ihn zusätzlich für Krawattenschals verwenden.

Der falsche Krawattenknoten im Tuch macht sich gut,

- wenn Sie ein Tuch zu einem Pullover mit V-Ausschnitt tragen möchten oder
- mit einem Polo-Hemd „angezogener" aussehen möchten.

Zwei Varianten

Sie können diesen Tuchknoten in zwei Varianten tragen. Anders als die weibliche Fangemeinde des Knotens sollten Sie das Tuch nicht lang über den Pulli baumeln lassen. Um dies bei einem größeren Tuch zu verhindern, können Sie die gezeichnete Abfolge um einen Schritt ergänzen. Sie schieben den Knoten des falschen Krawattenknotens gen Hals, lassen aber etwas Luft. Dann ziehen Sie den Knoten fest. Wie beim Onassis (→ 12.) können Sie nun das längere Ende des Schals von innen durch die Halsschlinge und über den Knoten nach vorne führen. Den Überwurf können Sie nun je nach Ausschnitt des Hemdes oder Pullovers arrangieren.

Tipp

Der neueste Trend in der weiblichen Schalmode ist es, Seidentücher (Schals) mit Krawattenknoten zu binden. Nicht jeder Krawattenknoten gelingt mit einem Seidentuch – es können aber sehr schöne und vor allem haltbare Gebilde dabei herauskommen.

Wichtig

Die Grundschritte des falschen Krawattenknotens sind, vereinfacht ausgedrückt: Machen Sie einen lockeren Knoten in das eine Ende des Tuches, führen Sie das andere Ende von oben durch diesen Knoten. Legen Sie das Tuch um und ziehen Sie den Knoten passend am Hals zu.

Der Trick dabei ist,

- das Tuch vorher der Länge nach zusammenzulegen, bis Sie ein flaches „Band“ erhalten (etwa 8 cm breit)
- einen schönen flachen Knoten in das eine Ende zu machen und die Höhe dieses Knotens richtig abzupassen (im untersten Drittel des Tuches).

So geht's

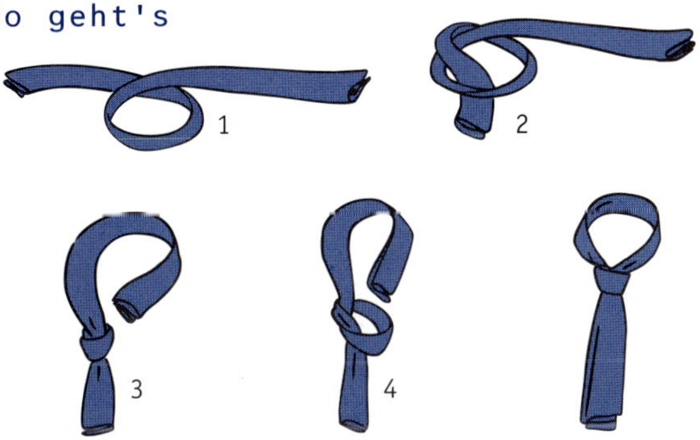

Auf einen Blick

- für Tücher (ca. 145 x 25)
- für Krawattenschals
- für festliche Anlässe (Krawattenschals)
- für den sportiven Look (mit Tuch)
- für Männer und Frauen geeignet
- in zwei Varianten tragbar

35. Schlingen für Wollschals

Die meisten von uns haben keine spezielle „Schal-Bindetechnik" als Kind gelernt. Man schlingt ihn eben so um den Hals, dass er schön wärmt und möglichst sicher sitzt.

Leider zeichnet sich der Schal dann aber unschön unter dem Mantel ab. Für Männer ist es außerdem nervtötend, dass der so grob um den Hals geschlungene und in den Mantel gestopfte Schal mit der Krawatte kollidiert und diese häufig verknittert.

Probieren Sie die beiden folgenden Schlingen aus – das Endprodukt sollte in beiden Fällen flach auf der Brust liegen und sich auch bei stärkerer Aktivität nicht lösen.

Webschlinge

Die Webschlinge können Sie auch mit Schals aus Stoff herstellen – sie heißt nicht so, weil man sie mit einem Wollschal fabrizieren muss, sondern da Sie die beiden Enden des Schals ein paar Mal miteinander verweben (siehe Schritt 3). Was zunächst vielleicht etwas umständlich aussieht, besteht schon bald den Härtetest: Wenn die Enden richtig verwoben sind, trotzt der Schal Wind und Wetter und jeder Bewegung, ohne sich zu lockern.

Einfache Schlinge

Dieser Knoten ist auch als einfache Schlaufe oder Schlaufenknoten bekannt. Er ist sehr nützlich für lange Schals. Wenn Ihnen die Webschlinge zu umständlich ist, können Sie mit ihm auch Nerven, Hals und Krawatte schonen: Sie legen beide Enden des Schals zusammen (so dass er gehälftelt wird) und führen die beiden Enden zusammen durch die so entstandene Schlaufe (siehe Illustrationen). Wichtig ist es, die Enden möglichst flach unter dem Mantel zu arrangieren.

So geht's: Webschlinge

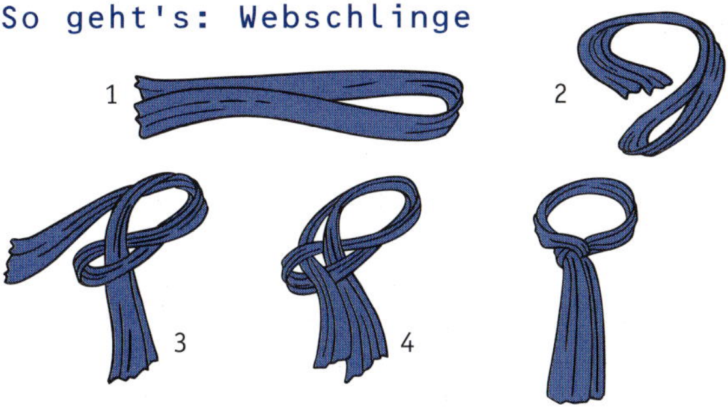

So geht's: Einfache Schlinge

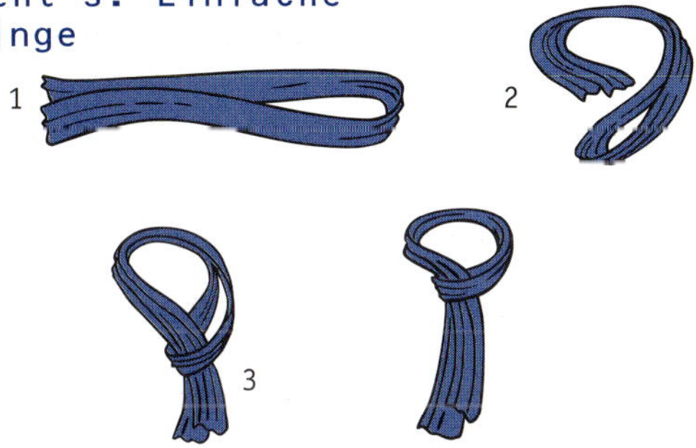

Tipp

Der Schal darf nicht zu kurz sein, damit die Enden auch wirklich bis unter den Mantel reichen. Nichts verkürzt den Hals so sehr wie ein mühsam darum geschlungener bunter Schal, dessen Enden seitlich oder vorne wie Blinker in die Luft stehen.

36. Knotennamen und -familien

Dopplungen von Knotennamen

Four-in-Hand = Vierspänner = Schmaler Four-in-Hand = Italienischer Knoten = Altdeutscher Knoten = Einfacher Knoten
Kent = Kleiner Knoten = Einfacher Knoten
Kreuzknoten = Christensen
Nicky = Olney = New Classic = Free American = Super-Pratt
Onassis = Türkischer Knoten
Oriental = Roter Knoten
Plastron = Ascot
Pratt = Shelby = Umgekehrter Halber Windsor = Klassischer/ Classic American
Prinz Albert = Doppelter Knoten (Prinz Albert und Victoria werden oft verwechselt in der Bezeichnung. Eigentlich ist der „Doppelte Knoten" der Victoria.)
Der Quergeteilte = Atlantik = Der Diagonale
Victoria = Kompakter Four-in-Hand = Doppelter Knoten
Windsor = Doppelter Windsor = Persischer, spiegelverkehrt
Windsor = Halber Windsor = Einfacher Windsor = Freestyle

Knotenfamilien

Knotenfolgen prägen sich besser ein, wenn man weiß, zu welcher „Familie" ein Knoten gehört.
Viele der komplexeren Knoten bauen durch Erweiterung der Bewegungsfolgen auf einfachen Knoten auf. Unten sehen Sie eine verkürzte Darstellung der Haupt-Knotenfamilien.

Kent ➞ Four-in-Hand ➞ Victoria ➞ Prinz Albert
Oriental ➞ Kelvin ➞ Hanover
Oriental ➞ Einfacher Windsor ➞ Hanover
Nicky ➞ Pratt ➞ Plattsburgh
Nicky ➞ Pratt ➞ St. Andrew ➞ Manhattan

37. Worauf Sie beim Krawattenkauf achten sollten

No-name-, Manufaktur- oder Designerkrawatte? Sie bekommen Krawatten schon für 10 Euro – lohnt es sich wirklich, 80 Euro für einen Streifen Stoff auszugeben?

Benötigen Sie „Halsschmuck" zur Hochzeit, zu einer Taufe oder zur Beerdigung, ist der Kreis des Tragbaren ziemlich eingeschränkt (silberner oder schwarzer Plastron, schwarze Krawatte, silbergraue Krawatte) und die Auswahl fällt dementsprechend leicht. Die folgenden Ratschläge beziehen sich auf den Krawattenkauf für alltägliche Anlässe.

Sind Sie „Krawattenanfänger", sollten Sie zuerst ermitteln, was zu dem Rest Ihrer Garderobe passt, um schnell mehrere Kombinationen zusammenzuhaben. Suchen Sie

- eine Krawatte aus dünnem Stoff, die schmale Knoten produziert und zum Beispiel auch zum Buttondown Collar (→ 4. Kragenformen) passt?
- eine Krawatte aus voluminöserem Stoff für einen größeren Knoten, der einen breiten Kragen ausfüllt?
- eine Krawatte aus Wolle, Kaschmir oder Mischgeweben für den Winter beziehungsweise zu gröberen Hemdstoffen?
- Viele Geschäfte ordnen die Krawatten inzwischen nicht mehr nach Preiskategorien, sondern nach Farbe und Muster. Klassisch, modern-geometrisch – was passt zu Ihren Hemden, Ihrem Anzug, Ihrem Typ?

Nehmen Sie am besten Ihr Lieblingshemd beziehungsweise die entsprechenden Hemden mit, um die Krawatten gleich auszuprobieren. So können Sie sich auch an gemusterte Krawatten und Farbkombinationen wagen, die bei einem „Blindkauf" (nur mit der Erinnerung an das Hemd ausgerüstet) leicht fehlschlagen.

Die Auswahl

Wie ist der Grundschnitt? Es gibt je nach Mode sehr schmale und sehr breite Krawattenformen. Probieren Sie Ihre Lieblingsknoten aus. Vielleicht sehen mit einem anderen Schnitt oder dickerem/dünnerem Stoff Knoten gut aus, die Ihnen bisher nicht gefielen.
Machen Sie einen Greiftest. Ohne die Krawatte herauszuziehen oder vom Display zu nehmen, nehmen Sie ihr breites Ende in die Hand. Streichen Sie mit dem Daumen über die Oberfläche und knüllen Sie die Krawatte leicht (!). Wie fühlt es sich an? „Quietschig" nach Kunststoff oder billiger Verarbeitung? Steif oder weich? Gehen Sie hier nach persönlicher Vorliebe. Dieser erste Eindruck sollte der wichtigste Test für Sie sein.

Sie können nun auch die Verarbeitung unter die Lupe nehmen:

- Irgendwo an der Krawatte muss ein Etikett sitzen, das Ihnen die Zusammensetzung des Stoffes verrät und eventuell das Herkunftsland aufführt. Dies bezieht sich nur auf den Oberstoff, die innere Stoffauskleidung und die Einlage sind aus einem anderen Stoff hergestellt.
- Das „Tipping" (auf der Rückseite an den Enden sichtbar) ist meist in einem farblich abgestimmten Seidenstoff gehalten. Es sollte ebenfalls aus Naturfaser sein. Ob es Sie stört, wenn dies nicht ein zum Oberstoff passender Seidenstoff ist oder ein unterschiedlicher Stoff an jedem Krawattenende, müssen Sie entscheiden. Wenn Ihnen der Rest der Krawatte gefällt, sollten Sie das Tipping nicht so wichtig nehmen (es sieht sowieso niemand). Eleganter ist sicherlich, wenn beide Enden mit demselben, zum Ober-

stoff passenden Seideneinsatz ausgekleidet sind oder sogar ebenfalls mit dem Oberstoff (Self-tipping).

- Das Innenleben der Krawatte, die Einlage oder das Inlet, können Sie nur durch Befühlen beurteilen. Die Einlage sitzt richtig, wenn sie sich wie ein gut gefalteter Brief im Umschlag anfühlt: Reicht sie bis zur Randnaht der Krawatte? Ist sie aber auch nicht zu voluminös (der Krawattenstoff spannt über der Einlage)?
- Die Schlaufe auf der Rückseite. Hier gibt es mehrere Qualitätskategorien: Viele preiswerte Krawatten haben auf der Rückseite nur das Etikett, durch das Sie nach dem Binden das schmale Ende der Krawatte schieben können. Eine Kategorie höher findet sich zusätzlich eine Schlaufe, die aus demselben Stoff wie der Oberstoff der Krawatte gefertigt ist. Es gilt als Qualitätsmerkmal, wenn diese Schlaufe nicht flach an den Seiten vernäht ist, sondern im Inneren der Krawatte. Dies gibt ihr (und damit der gebundenen Krawatte) mehr Beweglichkeit. Es gibt allerdings auch erstklassige Krawattenmanufakturen, die die Schlaufen fest vernähen. Es ist also eher eine stilistische Eigenart und kein Zeichen für schlechte Qualität.
- Lassen Sie die Krawatte am schmalen Ende herabhängen – verdreht sie sich, ist sie nicht richtig zugeschnitten.
- Sind die Nähte flexibel? Sie wollen in der Lage sein, bis zu neunfache Verschlingungen mit dieser Krawatte anzustellen, da müssen die Nähte natürlich mithalten. Testen können Sie das, wenn Sie die Krawatte an beiden Enden vorsichtig auseinander ziehen. Findet sie danach sofort in ihre ursprüngliche Form zurück? (Diesen Test hassen Verkäufer. Malträtieren Sie die Krawatte nicht und wenden Sie den Test nur an, wenn Sie Zweifel haben, ob der Preis gerechtfertigt ist.)

Müssen diese Tests sein? Ja und nein. Der persönliche Eindruck beim Anfassen ist am wichtigsten. Aber zum selben Preis gibt es Krawatten mit erstklassiger Verarbeitung und solche, bei welchen Sie nur den Markennamen bezahlen.

Das Preis-Leistungs-Verhältnis

Sie erhalten heute schon Krawatten für 20 bis 30 Euro, die sich angenehm anfühlen und gut zu tragen sind. Alles jenseits der 70 bis 90 Euro ist ein Bezahlen für den Designernamen – mit Ausnahme der Seven-Fold-Krawatte und anderer handwerklich erstklassig hergestellter Krawatten (→ 2. Farben und Stoffe).

Sie haben eine Krawatte gefunden, die Ihnen gefällt und die zu Ihrer Garderobe passt? Werfen Sie einen Blick auf den Preis – vermutlich wird er im Rahmen eines edlen Accessoires liegen.

Bevor Sie verschreckt wieder zum Billigbinder greifen, sollten Sie sich überlegen, dass Sie die Krawatte lange Zeit, vermutlich mehrmals die Woche, tragen und auch kompliziertere Knoten damit binden möchten. Außerdem erlaubt es eine teurere Krawatte, genau wie hochwertige Schuhe, ohne großen Aufwand einen guten Stil zu unterstreichen.

Achtung

Keine teure Krawatte sollten Sie tragen ...

- an Weiberfastnacht. Notieren Sie es am besten im Kalender. Bei einer Bedrohung der Prada-Krawatte werden Sie sonst vermutlich ziemlich ausfallend ...
- zum ersten Üben der Knoten in diesem Buch. Bei den ersten Versuchen knüllt man die Krawatten meist zu sehr und zieht die Knoten zu fest. Verwenden Sie daher zum Üben je eine leichtere und eine festere Krawatte der unteren Preiskategorie.
- wenn Sie kleine Kinder haben. (Oder ziehen Sie die Krawatte im Büro an und aus.) Eine Krawatte mit Breiflecken können Sie nicht einfach bei 60 Grad in die Maschine werfen (→ 39. Flecken entfernen).

38. Die richtige Aufbewahrung

Ob es sich um eine teure Krawatte oder eine für den Alltag handelt: Die richtige Behandlung und Aufbewahrung von Krawatten verlängert extrem ihre Lebensdauer.

Viele Männer bewahren Krawatten wie folgt auf: Bügel mit einem farblich passenden Hemd aus dem Schrank ziehen, Krawatte lockern, über den Kopf ziehen, um den Aufhänger des Bügels schlingen und den Bügel wieder zwischen die anderen Hemden quetschen.
Die Krawattenindustrie freut sich über eine solche Verfahrensweise: Die Krawatten werden gequetscht und zerknittert; bleibt der Knoten im Stoff, nutzen sie sich auch viel schneller ab, da sie a) immer mit dem gleichen Knoten getragen werden und b) während der Zeit im Schrank stärker gequetscht werden, da sie nicht flach liegen.
Sie möchten nach der Arbeit entspannen – Ihre Krawatte auch! Ob das besser im Liegen oder Hängen gelingt, hängt vom Stoff ab, aus dem Ihre Krawatten gemacht sind.

Verschiedene Systeme

Es gibt spezielle Krawattenhängesysteme für den Kleiderschrank, die nicht viel Platz wegnehmen und die Krawatten (laut rasselnd im Batteriebetrieb) an Ihnen „vorbeifahren". So entgeht Ihnen nicht die Vielfalt Ihrer Krawatten; hängen Sie alle über einen (Krawatten-)Bügel, tragen Sie erfahrungsgemäß doch immer nur die, die obenauf hängt. Es gibt diese Aufbewahrungssysteme sogar mit Beleuchtung, Merkfunktion für Ihre Lieblingskrawatten und Musikberieselung ... Das Nonplusultra sind sie trotzdem nicht, zumindest nicht, wenn Sie Krawatten aus Wolle, Kaschmir oder Mischgewebe

tragen: Genau wie Wollpullover verlieren diese Krawatten die Form, wenn man sie hängend aufbewahrt.
Was tun? Damit zusammengerollte Krawatten in der Schublade nicht zu einem Medusenhaupt verschmelzen, können Sie Sockentrenner verwenden oder leicht selbst basteln. Es gibt auch preiswerte und praktische Einsätze für Kleiderschränke mit kleinen flachen Fächern, die genau für diesen Zweck (Socken, Tücher oder Krawatten) gedacht sind. Sie sollten sie nur nicht unterhalb der Kleiderstange anbringen, da dann aller Staub aus Ihrer Tageskleidung auf die Krawatten hinunterrieselt.

Das Bügeleisen in der Schublade

Seidenstoffe werden durch ein sanftes Aufrollen und das Aufbewahren in dieser aufgerollten Form wieder glatt! Das ist sehr praktisch, denn Krawatten darf man nicht bügeln. Warum nicht? Es ist zum einen eine Frage der Optik (keine scharfen Kanten erwünscht). Auch dürften Sie das Bügeleisen bei Seide nur auf maximal Stufe 1 stellen, was bei verknitterter Seide ungefähr so viel bringt, als führen Sie mit der Hand über den Stoff und machten dabei „pfsch". Es sei denn, Sie wollen sich eine der inzwischen erhältlichen Krawattenbügelmaschinen anschaffen ...
Verschwinden Knitterfalten trotz Aushängens in einem Krawattenhalter und einer Aufbewahrung im aufgerollten Zustand nicht, können Sie es mit Wasserdampf versuchen. Entweder Sie ziehen die Krawatte kurz durch den Wasserdampf über einem Topf mit kochendem Wasser oder Sie nebeln sie aus ausreichender Entfernung mit einem Dampfbügeleisen ein. Rücken Sie der Krawatte mit dem Dampf sehr vorsichtig zu Leibe, denn Wasser hinterlässt bei Seide hässliche Flecken (→ 39. Flecken entfernen).
Knitterfalten bilden sich seltener in schwereren Stoffen. Sehr leichte Stoffe können durch starke Knitterfalten ruiniert werden, da man die Falten nie wieder beseitigen kann. Ziehen Sie daher Knoten gefühlvoll und nicht zu stark fest!

Trennungsschmerz überwinden

Bevor Sie jetzt stöhnen „Diese vielen Binder kann ich doch nie übersichtlich in Schubladen unterbringen", sollten Sie sie sortieren, aber nicht unter dem Gesichtspunkt, ob sie teuer oder günstig waren, sondern in die Kategorien

- „mochte ich noch nie, kratzt, verhasstes Geschenk, werde ich auch in Zukunft nicht tragen" (1)
- „hat mit dem passenden Knoten Potenzial, sollte ich mal versuchen" (2)

Nehmen Sie Kategorie 2 kritisch unter die Lupe: Alles, was von Motiven (etwa Dollarzeichen, Autos, Micky-Maus-Figuren) gekrönt wird, wandert auf den ersten Haufen. Polstern Sie mit diesen Krawatten das Körbchen Ihres Hundes aus oder polieren Sie Ihre Schuhe damit.

Nun können Sie mit allen verbliebenen Krawatten die Knoten aus diesem Buch ausprobieren. Verwenden Sie dazu auch Ihre verschiedenen Hemden.

Die Krawatten, die Ihnen jetzt noch immer gefallen, überprüfen Sie auf Flecken und abgenutzte Stellen. Einwandfreie Binder rollen Sie nun sanft über die Hand zusammen. Die Stoffschlangen legen Sie dann nebeneinander in eine Schublade oder hängen sie über einen Krawattenhänger, wenn das Material es zulässt (siehe oben). Zu abgenutzte Krawatten teilen das Schicksal von Kategorie 1, befleckte Krawatten können Sie eventuell mit den Tipps unter → 39. Flecken entfernen retten.

Achtung

Alle Krawatten, die zwar (vielleicht) kein Motiv haben, aber dafür lustige Geräusche von sich geben („Jingle Bells ...") oder mit besonderen Effekten (Wasserspritzen?) gesegnet sind, sollten Sie zerschneiden und dann rituell verbrennen.

39. Flecken entfernen

Die am meisten zitierten Kommentare zu Krawatten und Flecken zeigen schon, wo der Hund begraben liegt: „Flecken? Krawatte wegwerfen und eine neue kaufen." oder „Die beste Fleckenentfernung bei Krawatten ist, keine hineinzumachen.".

Gefahr Nummer 1: Essen

Vorbeugen ist sicherlich der beste Schutz. Morgens sieht Sie niemand, der Ihnen diesen kleinen Stilbruch nicht verzeihen würde – wenn Sie fertig zurechtgemacht fürs Büro am Frühstückstisch sitzen, werfen Sie also ruhig die Krawatte über die Schulter nach hinten. Dabei bietet zwar immer noch ein kleines Stück Krawatte eine Angriffsfläche, der große Rest wird aber verschont. Bei Krawatten auf helle Stoffe zu verzichten ist grundsätzlich sehr hilfreich, denn auf ihnen sieht man natürlich jeden kleinsten Tropfen.
Für Männer immer wieder der Horror: der Gang zum Buffet. Man sieht die Herren auf einmal herumnesteln, Krawatten werden unter dem Jackett über der Schulter eingeklemmt oder vehement in den Hosenbund gestopft. Das sieht wenig elegant aus und dürfte eigentlich auch gar nicht funktionieren, wenn Sie Ihre Krawatte in der richtigen Länge tragen. Auch wenn Sie sich nach dem Knigge richten, der vorschreibt, dass ein Jackett beim Aufstehen vom Tisch geschlossen werden sollte, dürfte Ihre Krawatte nicht in Gefahr sein.
Bei einem nicht so förmlichen Anlass, wie zum Beispiel in der Kantine, können Sie die Krawatte mit einem *tie tack* oder einer Krawattenspange sichern. Im Notfall öffnen Sie den zweiten Knopf von oben, lassen die Krawatte innen über dem Unterhemd hinunterfallen und schließen das Hemd wieder.

Fleck weg?

Ist das Malheur doch passiert, lässt sich manchmal noch etwas retten.

- Waschen? Bitte denken Sie nicht einmal daran, Ihre Krawatten zu waschen (auch keine Handwäsche!). Das Wasser hinterlässt auf Seide beim Trocknen unansehnliche Ränder, die Nähte verziehen sich und die Einlage läuft möglicherweise ein.
- Reinigung: Versuchen Sie sich besser selbst an der Fleckenentfernung (siehe unten), als Ihre hochwertigen Krawatten in die chemische Reinigung zu geben. Dies können Sie nur wagen, wenn Sie in der Vergangenheit sehr gute Erfahrungen mit dieser Reinigung gemacht haben. Ansonsten kann es passieren, dass Ihr gutes Stück nicht wiederzuerkennen ist, wenn Sie es abholen.
- Fleckenwasser: Fleckenwasser erhalten Sie in jedem Drogeriemarkt. Es ist ziemlich aggressiv und sollte genauso wie Imprägnierspray möglichst im Freien angewendet werden. Testen Sie aber auf der Rückseite den Effekt des Fleckenwassers auf die Krawatte und experimentieren Sie mit der richtigen Einwirkzeit.
- Silk & Clean: Diese Tücher erhalten Sie bei vielen Herrenausstattern und auch im Drogeriemarkt. Sie sind so etwas wie „Fleckenwasser für unterwegs“, die selben Vorsichtsmaßnahmen gelten auch hier. Viele schwören aber auf die „Zauberwirkung“ der Tücher, die sich besser dosiert einsetzen lassen als Fleckenwasser.

Tipp

Bei preiswerten Krawatten sollten Sie eine abrupte Trennung in Betracht ziehen, da die Kosten für die Fleckenpräparate sonst den Einkaufspreis der Krawatte übersteigen.

40. Bücher und Links, die weiterhelfen

Fink, Thomas/ Mao, Yong: *Die 85 Methoden eine Krawatte zu binden*, Piper, München
Das Werk für Knotenfetischisten. Die Physiker *Fink und Mao haben eine Formel für Krawattenknoten aufgestellt und mit dieser Formel eine maximale Anzahl von 85 möglichen Krawattenknoten konstruiert. Laut ihrer eigenen Aussage sind davon nur 13 gut tragbar. Es macht aber Spaß, auch ungewöhnlichere Kreationen mit diesem Buch auszuprobieren.*

Flusser, Alan: *Style and the Man*, Harper Collins, New York
Leider ist dieser Klassiker momentan nur gebraucht ("Style and the Man. Die Kultur der persönlichen Kleidung") oder auf Englisch erhältlich. Die Hälfte des Textes dreht sich um Shopping-Möglichkeiten für erstklassige Herrenbekleidung in den USA, Europa und Tokio. Wunderbar geschrieben, wenn auch im harten Klartext, ist der erste Teil, der Herrenbekleidung von Oberhemden bis Accessoires abhandelt.

Mosconi,Davide/Villarosa, Riccardo: *Fliegen und Krawatten. Die verbindliche Kunst des Knotens. 188 verschlungene Möglichkeiten*, Du Mont, Köln
Mosconi und Villarosa sammelten in den 1980er Jahren als erste systematisch Knotenmöglichkeiten von Halsschmuck, ihr Hauptaugenmerk liegt auf Fliegen und Plastrons. Da sie sehr humorvoll die 188 Möglichkeiten zusammenstellten, ist das Buch nur bedingt hilfreich – aber für Fliegen- und Plastronträger enthält es einige interessante Varianten. Leider nur gebraucht erhältlich.

Roetzel, Bernhard: *Der Gentleman. Handbuch der klassischen Herrenmode*, Könemann, Köln

Gebraucht als „Bilderbuch für Männer“ von Könemann erhältlich. Eine preiswertere Ausgabe erscheint im Tandem Verlag. Das Buch bildet unverzichtbares Stilempfinden aus, das jedem Mann, ob mit großem oder kleinem Geldbeutel, zugute kommt.

Roetzel, Bernhard: *Der Style-Guide. Moderatgeber für Männer* (Reihe: Men's Health), Rowohlt, Reinbek b. Hamburg
Das Buch gibt eine erste Orientierung und Impulse rund um die Herrenbekleidung für Einsteiger, die dann mit dem „Gentleman-Handbuch“ vertieft werden können.

www.krawattenknoten.net
Website der Autorin mit zusätzlichen Infos zum Thema Krawatten.

Tipp

Hier eine kleine Auswahl von Shoppingtipps rund um Krawatte und Herrenbekleidung. Über Suchmaschinen wie www.google.de finden Sie auch viele andere Anbieter.

- www.maile.de
  In Katalogen von Herrenausstattern wie Maile erhalten Sie Informationen auch über Smoking, Cut und Frack mit den dazugehörigen Accessoires.
- www.herrenausstatter.de
  Ein Online-Herrenausstatter, der neben Accessoires zu Smoking und Frack z. B. auch unter der Rubrik „Krawatten“ Vorschläge zu Hemd-Krawatten-Kombinationen, mit Fotos, bietet.

Hinweis

Die Beiträge in diesem Buch sind sorgfältig recherchiert und entsprechen dem aktuellen Stand.
Abweichungen, beispielsweise durch seit Drucklegung geänderte Preise, Gebühren, Anlage-Entwicklungen, WWW-Adressen etc., sind nicht auszuschließen.
Weder Autor noch Verlag können für eventuelle Nachteile oder Schäden, die aus den im Buch gegebenen praktischen Hinweisen resultieren, eine Haftung übernehmen.

GRÄFE UND UNZER VERLAG, Redaktion Leben & Lernen
Grillparzerstr. 12
81675 München

Programmleitung: Steffen Haselbach
Leitende Redaktion: Anita Zellner
Redaktion: Kathrin Buck
Lektorat: Dunja Reulein
Titelfoto: Claudia Fessler
Umschlag und Gestaltung: independent Medien-Design, Petra Schmidt
Herstellung: Maike Harmeier
Illustrationen: Renate Holzner
Satz: Filmsatz Schröter, München
Repro: w&co Media Services, München
Druck und Bindung: Druckerei Auer, Donauwörth

ISBN: 3-7742-6164-4

Aufl.	6	5	4	3	2
Jahr	2008	07	06	05	

GRÄFE UND UNZER

Ein Unternehmen der
GANSKE VERLAGSGRUPPE